Gotthold Ephraim Lessing

Nathan der Weise

Materialien und Kopiervorlagen
von Martina Dauer

Lektorat: Kristina Oerke, Mira Fischer
ISBN 978-3-86316-417-1

INHALT

VORWORT

Der Regisseur George Tabori (1914–2007) zeigte 1991 erstmals seine Lessing-Bearbeitung „Nathans Tod". In der ersten Fassung erzählt ein betrunkener Nathan die Ringparabel, aber niemand will ihm zuhören. Während des Vortrags wird unter seinem Stuhl eine Bombe deponiert, die genau dann explodiert, als der alte Mann seine Erzählung beendet. Der Traum von Menschlichkeit und Toleranz ist zerstört.

Ist das Drama „Nathan der Weise" – 1779 veröffentlicht und seither unzählige Male an deutschen Theaterbühnen aufgeführt sowie von unzähligen Schülern gelesen – tatsächlich durch die Geschichte widerlegt? Macht es noch Sinn, Jugendlichen dieses Stück näherzubringen, obwohl Ereignisse wie die Attentate vom 11. September 2001 zeigen, dass sich Lessings Ideal von der vereinten Menschheitsfamilie scheinbar nicht verwirklichen lässt? Oder ist es gerade anders herum: Zeigen die Vorkommnisse, über die täglich berichtet wird, wie wichtig der Dialog zwischen den verschiedenen Glaubensgemeinschaften, Toleranz und mitmenschliches Verhalten sind?

Sicherlich hat das Ende von Lessings Drama, mit seinen stummen Wiederholungen allseitiger Umarmungen, märchenhaften und utopischen Charakter. Lessing siedelt seinen Traum von der idealen Gesellschaft im Jahr des Waffenstillstands in Jerusalem an. George Tabori zieht daraus die Konsequenz: Der Frieden des Dramas kann in der wirklichen Welt keinen Bestand haben.

Stücke, die ihren festen Platz auf den Bühnen der Welt haben (und sich über lange Zeit auf den Lektürelisten für Schulen halten), behandeln stets auch Themen, die zu keiner Zeit an Aktualität verlieren. So wirft Lessings „Nathan" eine Vielzahl von Fragen auf, die sich junge Menschen gerade auch in der heutigen Zeit stellen (sollten): Wie wichtig ist Toleranz gegenüber Andersdenkenden? Wie funktioniert erfolgreiche Kommunikation? Wann kann man von Machtmissbrauch sprechen? Wie findet man seinen Platz in der Gesellschaft? Im Drama werden Lebensentwürfe gegeneinander abgewogen, Figuren überdenken ihre bisherigen Einstellungen – oder auch nicht, zeigen Mitmenschlichkeit gegenüber Fremden oder verurteilen sie, ohne weiter nachzudenken.

Die vorliegenden Materialien bieten die Möglichkeit, diese Themen im Unterricht unter Berücksichtigung des Textes und aktueller Ereignisse zu erörtern. Auf diese Weise werden Ihre Schüler – ganz im Sinne Lessings und der Ideen der Aufklärung – zu selbstständigem Denken angeregt. Zusätzlich zur textimmanenten Interpretation werden auch historische, biografische und philosophische Bezüge aufgegriffen und für Schüler ab der 10. Klasse angemessen aufgearbeitet. So begreifen die Lernenden, dass nur eine umfassende Betrachtung zum Gesamtverständnis eines literarischen Werkes führt. Die Gliederung in vier Kapitel bietet hierfür einen systematischen Zugriff. Auf Bezüge zwischen den Kopiervorlagen wird jeweils im Lehrerteil verwiesen. Grundsätzlich können die Arbeitsblätter aber auch unabhängig voneinander eingesetzt werden. Im Mittelpunkt steht eine intensive Auseinandersetzung mit Text und Kontext: Dabei werden sowohl analytische Fähigkeiten geschult, als auch Möglichkeiten der kreativen Auseinandersetzung geboten. Offene Unterrichtsformen und kleinere Projekte kommen den Bedürfnissen der Schüler entgegen und fördern übergeordnete Lernziele wie Teamarbeit, Eigenverantwortlichkeit und das Einhalten von Zeitvorgaben. So werden Überlegungen zu unterschiedlichen Inszenierungen des „Nathan" angestellt, die die Schüler im szenischen Spiel und in Standbildern selbst erproben können. Um Lessings Botschaft für die heutige Zeit nutzbar zu machen, werden Werbeplakate für Toleranz entworfen. Die Wirkung des Blankverses wird durch eine szenische Lesung und das Verfassen eigener Verse anschaulich gemacht.

Um das Wissen der Schüler zu vernetzen und im Langzeitgedächtnis zu verankern, bietet sich eine Kooperation mit anderen Unterrichtsfächern an: Die Zeit der Kreuzzüge kann im Geschichtsunterricht, Kants Text über die Aufklärung im Philosophie-/Ethikunterricht behandelt, eine szenische Erarbeitung in den Fächern Kunst (Umsetzung von Bühnenbildern) und Darstellendes Spiel (Bewegung im Raum, praktische Umsetzung) vorbereitet bzw. durchgeführt werden.

Die Seitenangaben im Material beziehen sich auf folgende Textausgabe: Gotthold Ephraim Lessing: Nathan der Weise. Stuttgart: Reclam 2000. Die auf den Kopiervorlagen abgedruckten Quellentexte wurden behutsam an die heutige Rechtschreibung angepasst.

1. AUTOR UND ENTSTEHUNG

EINFÜHRUNG

Die zentrale Botschaft des „Nathan" versteht man als Leser und Zuschauer sicherlich auch, wenn man den Text nur werkimmanent betrachtet: Das Drama ist klar strukturiert, die Handlung stringent und die Figuren eindeutig gezeichnet. Dennoch wird man sich der Tragweite und Bedeutung des Stückes erst bewusst, wenn man dessen geistesgeschichtlichen, gesellschaftlichen und biografischen Entstehungshintergrund kennt.

Als Lessing an seinem Stück arbeitete, waren die Ideen der Aufklärung in Deutschland bereits weit verbreitet, der Gedanke, dass allein die Vernunft die Wahrheit „ans Licht" bringen könne, setzte sich immer weiter durch. Dennoch rief Lessing mit der Veröffentlichung der „Fragmente eines Ungenannten", in denen Teile der Bibel kritisch hinterfragt werden, starken Protest hervor, der in eine theologische Auseinandersetzung mit dem Hamburger Hauptpastor Goeze mündete und zur Zensur führte. Mit dem „Nathan" verband sich das ausdrückliche Anliegen, den vorangegangenen Streit auf der Bühne fortzuführen.

Auch persönliche Erfahrungen sind sicherlich in das Werk mit eingeflossen. So kann die positive Zeichnung des Juden Nathan u. a. auf Lessings Freundschaft mit dem jüdischen Philosophen Moses Mendelssohn zurückgeführt werden.

Auf den Kopiervorlagen dieses Kapitels wurden die wichtigsten außertextlichen Bezüge des Werks in didaktisch reduzierter Form für den Unterricht aufbereitet.

Lernziel
Die Schüler erkennen, dass ein literarisches Werk nicht vollständig erfasst werden kann, wenn es nur werkimmanent betrachtet wird. Durch Berücksichtigung der biografischen, gesellschaftlichen und geistesgeschichtlichen Bezüge gelangen sie zu einem umfassenden Verständnis des Dramas.

■ Zur Kopiervorlage Seite 11: GOTTHOLD EPHRAIM LESSING

„Hugh Barr Nisbet hat ein uferloses Buch über Lessings Leben geschrieben. Wozu brauchen wir nur all die Dichterbiografien? [... Nisbet geht] mit einer jede Vernunft überschreitenden Genauigkeit ans Werk. [...] Die Werke Lessings werden nacherzählt und interpretiert, dabei wachsen die Interpretationen, die über weite Strecken aus der Wiedergabe von Forschungsdebatten bestehen, zu kleinen Büchern in diesem Buch heran. Die Persönlichkeit Lessings indes, um die es, möchte man meinen, recht eigentlich [...] geht, tritt [...] in den Hintergrund. [...] Keine Kontur gewinnt Lessing, [...] der Rastlose, der Städte und Freunde verließ, ohne Adieu zu sagen; der Leidende, der so spät sein privates Glück in einer Ehe fand, um es sogleich wieder zu verlieren. [...]" So schreibt Adam Soboczynski in DIE ZEIT vom 5.2.2009 über eine 2008 erschienene Lessing-Biografie (vgl. *www.zeit.de/2009/07/ST-Lessing*). Wenn es darum geht, Schülern Informationen über das Leben eines Autors zu vermitteln, gehen wir häufig ähnlich vor wie der hier kritisierte Nisbet, wenngleich natürlich weniger ausführlich und tiefgreifend: Lebensdaten werden aneinandergereiht, wichtige Werke kurz in Referaten vorgestellt. Gerade für junge Menschen erscheint jedoch ein erster Zugang wünschenswert, der Lessing als Menschen lebendig werden lässt.

Auf der Kopiervorlage werden anhand von zwei Textauszügen die Höhen und Tiefen in Lessings Leben erarbeitet. Erst dann werden die wichtigsten Lebensdaten von den Schülern eigenständig recherchiert. Durch die Beschränkung auf 25 Punkte sind sie dazu angehalten, die gefundenen Informationen nach ihrer Wichtigkeit zu beurteilen.

Möglicher Einstieg
Notieren Sie die in der ersten Aufgabe genannten sechs Lebensbereiche an der Tafel und stellen Sie folgenden Arbeitsauftrag: Karriere, Gesundheit, Liebe, Familie, Wohlstand, Ansehen – ordnen Sie diese Lebensbereiche entsprechend der Wichtigkeit für Ihre persönliche Zukunft.

So fokussieren Sie die Aufmerksamkeit der Schüler, bevor sie dazu übergehen, mithilfe der Kopiervorlage die Wichtigkeit dieser Bereiche für Lessings Leben zu untersuchen.

Lösung
Aufgabe 1
Bereiche, die sich zu Lessings Zufriedenheit entwickelt haben dürften: Karriere (gute Ausbildung, Erfolg als Schriftsteller, Theoretiker und Kritiker), Ansehen (gute Kritiken, Anerkennung der Stücke durch das Publikum, gesellschaftlicher Aufstieg), Liebe (lernt die Frau seines Lebens kennen, mit der er sich auch verlobt).
Bereiche, die sich nicht zu Lessings Zufriedenheit entwickelt haben dürften: Wohlstand (kann nicht mit Geld umgehen, muss vor Gläubigern fliehen, Gründung eines Druckereiunternehmens scheitert, zusätzliche Verschuldung), Gesundheit (bricht auf der Flucht vor Gläubigern krank zusammen), Familie (lange Trennung von der Verlobten zögert die Hochzeit hinaus, das gemeinsame Kind und die Frau sterben im Wochenbett).

Aufgabe 2
Hier eine kurze Auflistung wichtiger Ereignisse im Leben von Lessing:
geboren am 22. Januar 1729 in Kamenz als Sohn eines Pfarrers und einer Pfarrerstochter, ist das dritte von 12 Kindern // 1737–41: Besuch der Lateinschule in Kamenz // 1741–46: Besuch der Fürstenschule St. Afra in Meißen (Stipendium), vorzeitige Entlassung wegen ausgezeichneter Leistungen // 1746–48: Studium in Leipzig, erst Theologie und Medizin (Wunsch des Vaters), dann humanistische Fächer; verkehrt in der Schauspieltruppe der Caroline Neuber, dort 1748 erfolgreiche Aufführung

seines ersten Stückes „Der junge Gelehrte" // 1748: finanzielle Schwierigkeiten wegen Bürgschaften für Schauspieler; muss Leipzig verlassen, um sich seinen Gläubigern zu entziehen; setzt nach Krankheitsphase sein Studium in Wittenberg fort (Medizin) // 1748–51: lebt als freier Schriftsteller in Berlin; verfasst Theaterarbeiten, Studien, Rezensionen („Berlinische privilegierte Zeitung") → sein Name wird bekannt; enger freundschaftlicher Kontakt mit Moses Mendelssohn, lernt den Verleger Friedrich Nicolai kennen // 1752: schließt sein Studium in Wittenberg ab (Magister der Sieben Freien Künste) // 1753–60: lebt als Kritiker und Schriftsteller in Berlin und Leipzig // 1755: schreibt mit „Miss Sara Sampson" das erste bürgerliche Trauerspiel (Uraufführung in Frankfurt an der Oder) // 1756: beginnt eine mehrjährige Bildungsreise mit Christian Gottfried Winkler, bricht diese jedoch wegen Beginn des Siebenjährigen Krieges bald ab // 1759–60: veröffentlicht zusammen mit Friedrich Nicolai und Moses Mendelssohn die „Briefe, die neueste Literatur betreffend" (Abgrenzung von den poetischen Regelsystemen Gottscheds) // 1760–64: Anstellung als Sekretär beim General Tauentzien in Breslau; widmet sich dem Glücksspiel, verbringt Zeit in Bibliotheken; verstummt weitestgehend als Schriftsteller, verfasst „Minna von Barnhelm" (Uraufführung 1767) // 1767–69: nach zwei Jahren in Berlin Anstellung als Dramaturg und Berater am neu gegründeten Hamburger Nationaltheater; verfasst die „Hamburgische Dramaturgie"; Bekanntschaft mit Johann Melchior Goeze und den Familien Reimarus und König; 1768: Schließung des Theaters aus finanziellen Gründen // 1770–81: Anstellung als Hofbibliothekar in Wolfenbüttel (Herzogliche Bibliothek) // 1771: Verlobung mit Kaufmannswitwe Eva König, deren Mann Lessing vor seinem Tod 1769 seine Frau und die vier Kinder anvertraut hatte // 1772: Uraufführung der „Emilia Galotti" in Braunschweig // 1774–78: Veröffentlichung der „Fragmente eines Ungenannten", Lessing nutzt seine Kommentare für eine religionskritische Debatte; 1778: Unterbinden der darauf folgenden Auseinandersetzung mit dem Hamburger Pastor Goeze durch die herzogliche Zensur // 1775: unfreiwillige mehrmonatige Italienreise als Begleitung des braunschweigischen Prinzen // 1776: Heirat mit Eva König // 1777: Geburt des Sohnes, der nach wenigen Tagen stirbt // 1778: Eva König stirbt an den Folgen der Geburt. // 1779: Fortsetzung der Auseinandersetzung mit Goeze auf der „alten Kanzel, dem Theater"; Veröffentlichung des Dramas „Nathan der Weise" // 1780: Veröffentlichung der „Erziehung des Menschengeschlechts" // 15. Februar 1781: Tod Lessings nach zunehmender Erblindung und Einsamkeit an einem Schlaganfall; Bezahlen der Beerdigung durch den Herzog, da Lessings Hinterlassenschaft nicht ausreicht.

Weiterführende Anregungen

- Die Schüler wählen eine Episode aus Lessings Leben aus, die ihnen interessant erscheint, und schreiben dazu einen Dialog zwischen Lessing und einer Person ihrer Wahl. Diese Aufgabe ist auch eine Alternative zu der in Aufgabe 2 angeregten Recherche.
- Die Schüler stellen sich vor, sie hätten eine VIP-Karte für den Backstage-Bereich gewonnen. Sie dürfen nach der Premiere eines neuen Schauspiels von Lessing den Abend an der Seite des Autors verbringen. Würden sie sich darüber freuen? Warum (nicht)? Welche Fragen würden sie ihm stellen?
- Falls ausreichend Zeit zur Verfügung steht, bietet sich als Projekt die Erarbeitung eines Beitrags über Lessings Leben für eine Radiosendung an. Stellen Sie dazu folgende Aufgabe: Im Radio soll eine Sendung über Lessings Leben gestaltet werden. Erstellen Sie innerhalb Ihrer Lerngruppe ein Konzept und erarbeiten Sie arbeitsteilig entsprechende Beiträge. Hinweise: Achten Sie darauf, dass diese möglichst interessant und abwechslungsreich gestaltet sein sollten. Denken Sie an eine Einführung und eine Verknüpfung der Beiträge. Zeichnen Sie Ihren Beitrag mithilfe geeigneter Medien auf. Die Arbeitsergebnisse können über die Homepage der Schule öffentlich präsentiert werden.

Zu den Kopiervorlagen Seiten 12/13: FRAGMENTE EINES UNGENANNTEN DER FRAGMENTENSTREIT

Die beiden aufeinander aufbauenden Kopiervorlagen geben einen Überblick über die Ereignisse, die wesentlich zur Entstehung des Dramas „Nathan der Weise" beigetragen haben.

Der fiktive Briefwechsel zwischen Lessing und Elise Reimarus (S. 12) erklärt anschaulich, wie es zur Herausgabe der „Fragmente" gekommen ist. Unter welchen genauen Umständen die Schriftstücke übergeben wurden, ist nicht geklärt. Überliefert ist jedoch die Bitte der Kinder, die Schriftstücke nicht zu veröffentlichen – und schon gar nicht unter dem Namen des Verfassers (siehe hierzu Peter J. Brenner: Gotthold Ephraim Lessing. Stuttgart 2000, S. 240 f.).

Die auf der zweiten Kopiervorlage (S. 13) abgebildeten Zitate bieten einen groben Überblick über den Hergang des Disputs zwischen Lessing und Goeze, der schließlich zur Zensur führte. Da Lessing die Veröffentlichung wissenschaftlicher Schriften fortan verboten war, entschied er sich, den Streit auf „seiner alten Kanzel, dem Theater" fortzuführen. Indem die Schüler zunächst die Beiträge den betreffenden Personen zuordnen und sie in eine chronologische Reihenfolge bringen, findet bereits eine inhaltliche Auseinandersetzung mit den Zitaten statt. Anschließend müssen sie den Zusammenhang zwischen dem Fragmentenstreit und der Verfassung des „Nathan" mit eigenen Worten benennen. Mit dem zweiten Arbeitsauftrag wird der Blick für die besonders kritischen – und gegen Goeze gerichteten – Stellen im Drama geschärft. Die Bearbeitung dieser Aufgabe sollte also im Anschluss an die Lektüre erfolgen.

Lösung Seite 12

Die mit Lessing befreundete Familie des Gymnasialprofessors Hermann Samuel Reimarus übergab Lessing nach dessen Tod die von Reimarus verfassten, aber nie veröffentlichten Schriften. Lessing, der als Bibliothekar an der Herzoglichen Bibliothek in Wolfenbüttel tätig war, gab diese unter dem Vorwand heraus, die Schriften in der Bibliothek gefunden zu haben. Da die darin enthaltenen Thesen, wie Lessing richtig vermutete, nicht der öffentlich zu vertretenden Meinung entsprachen und um die Familie seines Freundes zu schützen, gab er den Namen des Autors nicht bekannt, sondern veröffentlichte die Schriften als „Fragmente eines Ungenannten".

Lösung Seite 13

Aufgabe 1

① Lessing: „Der Buchstabe ist nicht der Geist [...]." (Unter der Überschrift „Gegensätze des Herausgebers" verfasste Lessing seine Kommentare zu den Fragmenten; zitiert nach: Theologiekritische Schriften 3, Philosophische Schriften, Bd. 8 von Gotthold Ephraim Lessing. Hg. von Herbert G. Göpfert. München 1979, S. 22.)

② Goeze: „[Ich fordere von ihm eine] Erklärung, über die Fragen: [...]." (Auszug aus Goezes Streitschriften, dieser Abschnitt unter dem Titel „Lessings Schwächen II" von 1778; ebd., S. 269 – 71.)

③ Lessing: „[... I]ch antworte auf die vorgelegte Frage so bestimmt, [...]." (Lessings „Nötige Antwort auf eine sehr unnötige Frage des Herrn Hauptpastor Goeze in Hamburg" 1778; ebd., S. 310.)

④ Herzog von Braunschweig: „Euch ist zwar bei Gelegenheit [...]." (Kabinettsbefehl des Herzogs Karl an Lessing vom 6. Juli 1778; ebd., S. 614/15.)

⑤ Lessing: „Ich muss versuchen, ob [...]." (in einem Brief an Elise Reimarus vom 6. September 1778; ebd., S. 250.)

→ Lessing legte seine kritischen Ansichten gegenüber Kirche, Bibel und dem alleinigen Wahrheitsanspruch der Offenbarungsreligionen in seinen Anmerkungen zu den Fragmenten dar und wurde daraufhin vom Hauptpastor Johann Melchior Goeze scharf angegriffen. Als Folge dieses sogenannten Fragmentenstreits wurde Lessing durch Herzog Karl die Zensurfreiheit entzogen. Lessing entschied sich daraufhin, die Thematik in einem Drama erneut aufzugreifen.

Aufgabe 2

Die im Drama sehr negativ dargestellte Figur des Patriarchen trägt Züge des Pastors Goeze und spiegelt dessen nicht hinterfragte orthodoxe Einstellung wider (siehe auch KV „Gegen den Dogmatismus", S. 47). Goezes Frage nach der wahren Religion, die er in dem auf der Kopiervorlage zitierten Briefausschnitt formuliert, beantwortet Lessing mit der Ringparabel. Die hier gegebene Antwort widerspricht Goezes Vorstellung von der einen, „wahren" Religion und entlarvt die Frage als ungerechtfertigt.

Gottscheds Erneuerung des deutschen Theaters

Zu Beginn des 18. Jahrhunderts gab es zwei verschiedene Formen des Theaters in Deutschland: Zum einen unterhielten viele fürstliche Höfe noch eigene Hoftheater mit fest engagierten Schauspielgesellschaften, die zur Unterhaltung der höfischen Gesellschaft französische Dramen und italienische Opern aufführten. Zum anderen gab es Wandertheater, die das Bedürfnis der einfachen ländlichen Bevölkerung nach Unterhaltung befriedigten. Die hier aufgeführten Stücke waren oft in Dialekt verfasst, die Aufführungen fanden auf einfachen Bühnen oder im Freien statt. Vor allem die Figur des Hanswurst löste mit ihren Zoten und Späßen derbes Gelächter aus.

Im Laufe des Jahrhunderts gewann das wohlhabende und kulturell interessierte Bürgertum an Bedeutung, auch konnten immer mehr Menschen lesen. Infolgedessen wurden Lesegesellschaften und Leihbibliotheken gegründet, die Zahl der literarischen Zeitschriften stieg kontinuierlich an. Es fehlte jedoch an für die Zielgruppe geeigneten Theatern und Theaterstücken: Das Hoftheater war dem gebildeten Bürgertum nicht zugänglich, die Stücke der Wandertheaters entsprachen nicht seinen Ansprüchen. Aus diesem Grund wurden von bürgerlichen Vereinigungen die ersten städtischen Theater (z. B. in Leipzig) und Opern (z. B. in Hamburg) gegründet und finanziert.

Johann Christoph Gottsched (1700 – 1766) setzte sich als Erster dafür ein, den derben Ton und die Figur des Hanswurst aus den deutschen Theatern zu verbannen. Er forderte ein literarisch gehobenes Programm nach dem Vorbild des französischen Theaters, in dem die Grundsätze der Antike wieder an Bedeutung gewannen: Wie bei Horaz sollte die Literatur sowohl unterhaltend als auch von gesellschaftlichem Nutzen sein (*prodesse et delectare*). Dem Dichter kommt damit – im Sinne der Aufklärung – die Rolle eines Erziehers oder Lehrmeisters zu. Wie bei Aristoteles bestehe die Aufgabe der Tragödie darin, *Eleos* (Mitleid) und *Phobos* (Furcht) im Zuschauer hervorzurufen, diese Regungen würden die *Katharsis* (Reinigung) bewirken. Ebenso forderte Gottsched die Einhaltung der drei Einheiten und der Ständeklausel sowie die Einteilung des Dramas in drei oder fünf Akte.

■ Zu den Kopiervorlagen Seiten 14/15: EIN NEUES DEUTSCHES THEATER

Auf der ersten Kopiervorlage (S. 14) werden Gottscheds dramentheoretische Forderungen und Lessings Position dazu wiedergegeben. Die in der ersten Aufgabe formulierten Aussagen Gottscheds basieren hauptsächlich auf seiner Schrift „Versuch einer kritischen Dichtkunst vor die Deutschen" (In: Johann Christoph Gottsched: Schriften zur Literatur. Hg. von Horst Steinmetz. Stuttgart 1972). Lassen Sie vor der Bearbeitung der zweiten Aufgabe gegebenenfalls noch einmal die Bereiche zusammenfassen, auf die sich Gottscheds Forderungen beziehen, damit die Schüler eine Vorgabe für die Untersuchung des „Nathan" haben: Wirkung des Dramas auf den Zuschauer, Wahrscheinlichkeit der Handlung, Struktur des Dramas, Unterscheidung zwischen Tragödie und Komödie, Einhaltung der drei Einheiten. Die Schüler werden anschließend feststellen, dass sich das lessingsche Drama letztlich in gar nicht so vielen Punkten von den Vorgaben seines Kontrahenten entfernt. Angesichts der von Lessing formulierten deutlichen Ablehnung ist dieses Ergebnis für die Schüler sicherlich überraschend, da die durch das Zitat geweckte Erwartungshaltung nicht bestätigt wird.

Gleichzeitig stellt sich eine neue Frage, die zur zweiten Kopiervorlage (S. 15) überleitet: Warum kritisiert Lessing Gottsched, wenn er sich dann doch an dessen Dramentheorie hält? Der auf dem Arbeitsblatt abgebildete Auszug aus dem „Siebzehnten Literaturbrief" bringt Erkenntnis darüber, in welche Richtung Lessings Einspruch hauptsächlich geht: In dem in den „Briefen, die neueste Literatur betreffend" erschienenen Text kritisiert er, dass Gottsched ein „französierendes" Theater geschaffen habe, ohne zu berücksichtigen, dass dies „der deutschen Denkungsart" nicht angemessen sei. Shakespeares Dramen sieht Lessing hingegen als geeigneteres Vorbild für ein neues deutsches Theater.

Unerwähnt bleibt die unterschiedliche Vorstellung Gottscheds und Lessings von der sprachlichen Gestaltung eines Dramas. Während Gottsched das antike Versmaß des Alexandriners (sechshebiger Jambus mit Mittelzäsur) als ideale Form ansah, entschied Lessing sich im Drama „Emilia Galotti" für die Prosasprache, im Drama „Nathan der Weise" nach dem Vorbild Shakespeares für den Blankvers (siehe die Kopiervorlagen zum Blankvers, S. 53–56).

Lösung Seite 14

Aufgabe 1

1. Weshalb sollte man Ihrer Meinung nach ein Theaterstück besuchen?
2. Gibt es für den Dichter Einschränkungen bei der Wahl der Thematik und der Ausgestaltung seines Dramas?
3. Wie darf man sich den Schaffensprozess eines Dichters vorstellen?
4. Worin besteht der Unterschied zwischen Tragödie und Komödie?
5. Wie stehen Sie zu Aristoteles' Forderung nach der Einhaltung der drei Einheiten?

Aufgabe 2

Zu 1.: Wie von Gottsched gefordert, nutzt Lessing das Drama, um, ganz im Sinne der Aufklärung, dem Publikum seinen „lehrreichen moralischen Satz" und sein Ideal von der Menschheitsfamilie zu vermitteln. So ist z. B. das Fehlverhalten des Patriarchen dazu geeignet, den Zuschauer (durch Furcht und Mitleiden) zu „reinigen" (Katharsis) und zu einem besseren Menschen zu erziehen.

Zu 2.: Lessings Figurengestaltung orientiert sich z. T. an historischen Vorlagen, es tauchen keine Fabelwesen oder Märchengestalten auf. Auch die Handlung orientiert sich – im Sinne Gottscheds – an der Realität. So werden die Ereignisse um den Dritten Kreuzzug historisch korrekt zitiert, Orte und Jahreszahlen stimmen weitestgehend mit den Quellen überein.

Zu 3.: Beim „Nathan" handelt es sich um ein fünfaktiges Drama nach aristotelischem Vorbild.

Zu 4.: Lessing nannte sein Stück ein „dramatisches Gedicht", da es sich nicht eindeutig in die Kategorien „Komödie" oder „Tragödie" einordnen lässt. Es handeln Personen von höherem Stand (Sultan, Patriarch) ebenso wie Personen der einfachen Stände (Tempelherr, Nathan, Daja). Die strikte Trennung zwischen Tragödie und Komödie ist damit ebenso aufgehoben wie die von Gottsched geforderte Ständeklausel.

Zu 5.: Das Drama besteht aus einem Haupthandlungsstrang, aus dem heraus sich das ganze Geschehen entwickelt. Ebenfalls ist die Handlung beschränkt auf einen kurzen Zeitraum und auf den Handlungsort Jerusalem, innerhalb dessen jedoch mehrfach der Ort gewechselt wird (Haus Nathans, öffentliche Plätze, Palast des Sultans ...). Insgesamt kann man von einer starken Orientierung an der Regel der drei Einheiten sprechen.

Lösung Seite 15

Mögliche Antworten auf die vorgegebenen Fragen:

1. „Mit der Situation des Theaters vor Gottsched war ich alles andere als zufrieden: Man spielte niveaulose Stücke, die ohne Beachtung literarischer Regeln oder Muster verfasst wurden."
2. „Durch Gottscheds Übersetzungen französischer Stücke etablierte sich das französische Theater in Deutschland, obwohl ‚das Artige, das Zärtliche, das Verliebte' dieser Dramen eigentlich nicht den Geschmack der Deutschen trifft."
3. „Shakespeares Stücke haben mehr Größe und Tiefe als die französischen Dramen und entsprechen somit trotz der häufig verwickelten Handlung eher dem Geschmack des deutschen Publikums als das etwas einfältige, einfache französische Theater. Zudem rufen sie stärkere Leidenschaften hervor (Mitleid und Furcht) und tragen somit zu einer intensiveren Reinigung – d. h. zu einer Ablehnung der negativ dargestellten Verhaltensweisen oder Einstellungen – bei."
4. „Hätte Gottsched statt französischer Dramen Shakespeare ins Deutsche übersetzt, so hätten dessen Stücke bei Zuschauern mit bisher verborgenen Fähigkeiten mit Sicherheit deren Genialität zur Entfaltung gebracht. Wer weiß, was für Denker und Schriftsteller wir inzwischen unter uns hätten?"

Zu den Kopiervorlagen Seiten 16–18: WAS IST AUFKLÄRUNG?

Anhand von Kants philosophischem Aufsatz „Beantwortung der Frage: Was ist Aufklärung?", der fünf Jahre nach der Veröffentlichung des „Nathan" verfasst wurde, erhalten die Schüler einen Einblick in zentrales Gedankengut der Aufklärungsbewegung. Eine Annäherung an den Text erfolgt über eine Reflexion des Begriffs „Aufklärung" im heutigen Sprachgebrauch. Mit der zweiten Aufgabe (KV S. 16) wird das Textverständnis gesichert: Anhand von vorgegebenen Aussagen über Kants Text, die bestätigt oder korrigiert werden müssen, gelangen die Schüler zu einer eigenen Formulierung zentraler Gedanken. Unterstützend bietet sich ein Lehrer- oder Schülervortrag zur Person Friedrichs des Großen an, den Kant in seinem Aufsatz als vorbildlichen Herrscher anführt. Zusätzlich ist es sinnvoll, die Schüler Kants Definition von Aufklärung (Z. 1/2) auswendig lernen zu lassen. Die Fähigkeit zur Erklärung der Kernbegriffe des Satzes in eigenen Worten wird dabei erwartet. Ebenso sollte der Wahlspruch der Aufklärung auswendig gelernt werden (Z. 8/9). Mit der dritten Aufgabe (KV S. 16) sind die Schüler aufgefordert, Kants Ideen auf die heutige Zeit zu beziehen. Die Auseinandersetzung mit Daniel Chodowieckis Kupferstich „Aufklärung" (KV S. 18) bietet die Möglichkeit, anhand eines Beispiels aus der darstellenden Kunst das erworbene Wissen zu bündeln.

Da es sich bei der Bestimmung des Begriffs „Aufklärung" und Kants Forderungen nach dem Gebrauch der eigenen Vernunft um einen für Schüler recht komplexen Themenbereich handelt, bietet es sich an, für die Behandlung der drei zusammenhängenden Kopiervorlagen mindestens zwei Unterrichtsstunden einzuplanen. Es ist durchaus möglich, den Schülern in diesem Rahmen einen Eindruck davon zu vermitteln, welche Ziele die europaweite Bewegung der Aufklärung anstrebte und inwieweit Philosophie, Kunst und Literatur Anteil an deren Erreichen hatten. Es wird jedoch kaum möglich sein, einen Überblick über die gesamte philosophische Debatte zu geben. Wenn viel Zeit zur Verfügung steht oder die Epoche der Aufklärung als größeres Unterrichtsprojekt angelegt ist, bieten sich ergänzend folgende weitere Texte an:

- Christoph Martin Wieland: „Sechs Fragen zur Aufklärung". In: Ehrhard Bahr: Was ist Aufklärung? Thesen und Definitionen. Stuttgart: Reclam 1974, S. 22ff.
- Günter Grass: „Der Traum der Vernunft". In: Volker Neuhaus (Hg.): Günter Grass. Essays, Reden, Briefe, Kommentare. Werkausgabe in 10 Bänden, Bd. 9. Darmstadt: Luchterhand 1987, S. 886ff. (Rede zur Eröffnung der Veranstaltungsreihe „Vom Elend der Aufklärung" in der Akademie der Künste, Berlin) – am besten im Zusammenhang mit der Radierung von Francisco Goya „Der Schlaf der Vernunft gebiert Ungeheuer" (1797).
- Karl Jaspers: „Glaube und Aufklärung". In: Karl Jaspers: Einführung in die Philosophie. München: Piper 1971, S. 66–74.

Die Kopiervorlagen können vor der Besprechung des Dramas „Nathan der Weise" eingesetzt werden, um den Schülern zunächst die philosophischen Strömungen der Zeit nahezubringen, die auch Lessing beeinflusst haben – z. B. bei seinem Wunsch, die Diskussion über die Offenbarungsreligion öffentlich auszutragen (siehe hierzu auch KV „Der Fragmentenstreit", S. 13).

Aber auch eine Behandlung im Anschluss an die Lektüre ist denkbar. In diesem Fall sollten unbedingt Bezüge zwischen dem Drama und Kants philosophischem Text hergestellt werden, z. B. anhand der folgenden Aufgabenstellung: Nennen Sie Aspekte aus Lessings „Nathan", die Kant wahrscheinlich sehr gefallen haben, da sie seinen Forderungen entsprachen. (Mögliche Antworten: Ein wiederkehrendes Thema des Dramas ist das sich durchsetzende Prinzip der Vernunft und des rationalen Denkens. Nathan, der das aufgeklärte Denken geradezu verkörpert, bringt die Erkenntnis der anderen durch die Diskussion verschiedener Themen voran – z. B. bei Recha, dem Tempelherrn, dem Sultan Saladin. Der Patriarch ist einer der kantschen „Vormünder", der den Prozess der Aufklärung bewusst verhindern will. Der Klosterbruder unterscheidet zwischen „privatem" und „öffentlichem" Gebrauch der Vernunft: Als Untergebener des Patriarchen führt er dessen Befehle aus, bei der Begegnung mit dem Tempelherrn und mit Nathan, d. h. in der Öffentlichkeit, macht er seinen eigenen Standpunkt deutlich und distanziert sich von den Ansichten seines Vorgesetzten. Recha, der Tempelherr und Sultan Saladin machen nach der Diskussion mit Nathan von ihrem eigenen Verstand Gebrauch und werden zu aufgeklärt denkenden Personen.)

Möglicher Einstieg

Kopieren Sie den auf der ersten Kopiervorlage (S. 16) abgebildeten Cartoon auf Folie und projizieren Sie ihn an die Wand. Geben Sie dazu folgende Impulse: Beschreiben Sie die Situation. Was verlangt die Kuh mit dem Schlüssel? Wie reagieren die anderen Kühe? Warum? Über welche Fähigkeiten/Eigenschaften scheint die Kuh mit dem Schlüssel zu verfügen, die anderen Kühe aber nicht? Inwiefern lässt sich die Situation der Kühe auf die Situation der Menschen im 18. Jahrhundert übertragen? Stellen Sie einen Zusammenhang her zwischen der Darstellung und den Begriffen „Unmündigkeit", „selbst verschuldet", „eigener Verstand", „Mut".

Mit der letzten Frage wird der Kant-Text inhaltlich bereits vorentlastet. Machen Sie den Schülern an dieser Stelle Mut: Wer den Cartoon verstanden hat, hat schon den größten Teil des folgenden philosophischen Textes erfasst. (Die Kuh mit dem Schlüssel, der „geistige Anführer" der Gruppe, fordert die anderen Kühe auf, sich aus der Gefangenschaft und der Bevormundung durch die Menschen zu befreien. Die anderen Kühe, ängstlich und zögerlich, trauen sich jedoch noch nicht aus dem Stall heraus. Im 18. Jahrhundert unterstand der Großteil der Menschen Kirche und Landesfürsten. Der Gedanke an eine Befreiung aus diesen Abhängigkeiten war neu und ungewohnt und machte vielen deshalb Angst.)

Lösung Seite 16

Aufgabe 1

a) Meteorologie: Wolken werden von Sonne abgelöst; Biologie/Sexualkunde: Wissen über menschliche Fortpflanzung erlangen; Kriminologie: den Fall lösen; Alltagssprache: Irrtum beseitigen; Militär: Gelände erkunden
b) Von „Aufklärung" spricht man immer dann, wenn „Licht ins Dunkel" gebracht wird, entweder konkret (Dunkelheit wird durch Helligkeit verdrängt) oder im übertragenen Sinne

(Unbekanntes / Verborgenes wird durch Erkenntnis erfasst bzw. sichtbar gemacht).

Aufgabe 2

a) Yannik (→ Z. 11–16), Maria (→ Z. 22–33), Felix (→ Z. 53–61) und Marvin (→ Z. 80–115) haben mit ihren Äußerungen recht. – Korrigierte Antworten: „Die Menschen waren zu faul und zu feige, um sich aus ihrer Abhängigkeit zu befreien." (Hanna, Z. 1–10); „Kant sieht zwar anfängliche Schwierigkeiten, die aber schneller überwunden werden könnten, als die Menschen befürchten." (Thiel, Z. 33–37); „Im Falle einer Revolution befreien sich die Menschen zwar zunächst von ihrer Unterdrückung, die neue Gesellschaftsform wäre aber von neuen Vorurteilen und damit Unfreiheiten geprägt, da die Menschen selbst noch nicht aufgeklärt genug wären." (Julia, Z. 68–75)

Aufgabe 3

Einerseits waren Kants Gedanken sehr fortschrittlich für seine Zeit: Den Bürgern soll ebenso wie Staatsangestellten oder Geistlichen das Recht eingeräumt werden, öffentlich Kritik an den bestehenden Verhältnissen zu üben. Andererseits kann man Kants Haltung auch als eher konservativ bezeichnen: So spricht er sich gegen einen gewaltsamen Umbruch des bestehenden Gesellschaftssystems aus und stellt den damaligen Herrscher Friedrich den Großen als Vorbild dar. Dies erklärt sich vor dem Hintergrund des Feudalsystems: Wenn der Fürst die intellektuellen Vordenker nicht gewähren ließe, könnten sich die Ideen und Forderungen der Aufklärung gar nicht verbreiten. Indem Kant die bestehenden Verhältnisse befürwortet, sichert er sich die Gewogenheit des Herrschers, damit dieser sich nicht gegen die Aufklärungsbewegung stellt. Insofern war für Kant der „aufgeklärte Absolutismus" wahrscheinlich die bestmögliche Gesellschaftsform seiner Zeit.

Lösung Seite 18

Aufgabe 4

a) Im Vordergrund sieht man einen Lastenkarren und einen Reiter, die sich auf einer einsamen Landstraße, von dunklem Wald umgeben, auf eine Stadt zubewegen. Es handelt sich um Bürger, denn Adlige würden in einer edleren Kutsche und in größerer Gesellschaft reisen. Von der Stadt sind vor allem zwei Türme zu sehen: ein Kirchturm mit Kreuz und ein schlossartiges Gebäude, das für das Haus eines weltlichen Herrschers stehen könnte. Die Stadt liegt zum Teil noch unter einer dichten Wolke, wird aber im Gegensatz zum Vordergrund des Bildes bereits durch das helle Licht der im Hintergrund aufgehenden Sonne erleuchtet.

b) Die aufgehende Sonne verkörpert sinnbildlich das Helle / die Erkenntnis, die die Dunkelheit / das Verborgene verdrängt. Da die Menschen darauf zureiten, wird alles klarer, nicht dunkler. Bezogen auf Kants Text steht die aufgehende Sonne symbolisch für den Zuwachs an Aufklärung.

Weiterführende Anregungen

- Lassen Sie die Schüler begründet zu folgender Aussage Stellung nehmen: „Zum Glück leben wir nicht mehr im 18. Jahrhundert! Heute haben wir das aufgeklärte Zeitalter erreicht. Wir denken und sagen, was wir wollen, und es gibt niemanden mehr, der uns das Denken abnehmen möchte." (Sicherlich sind wir heute in unserem Denken weiter und können freier unsere Meinung äußern als die Menschen damals. In vielen Ländern, besonders in Diktaturen, sieht das jedoch anders aus: Politische Oppositionelle werden verfolgt und bestraft, Frauen unterdrückt, freie Meinungsäußerung ist verboten, die Presse unterliegt einer Zensur usw. Aber auch in der „aufgeklärten" modernen Gesellschaft findet man Beispiele für Manipulationsversuche: durch „Meinungsmache" in bestimmten Medien, Werbung, politische Kampagnen etc.)
- In einem Lehrervortrag können Sie folgende Informationen ergänzen und in die Diskussion über die von Chodowiecki gewählte Allegorie der Sonne einbinden: Die Aufklärung war eine Bewegung, die sich über ganz Europa erstreckte. In England wird sie „Age of Enlightenment" genannt, in Frankreich „Siècle des Lumières". Auch in diesen beiden Begriffen ist die Lichtmetaphorik zu finden. Der Dichter Christoph Martin Wieland schrieb über das Symbol des Lichtes: „Aufklären heißt [...] wegräumen wie mancherlei Hüllen und Decken vor den Augen, Platz machen dem Licht in Verstand und Herz, dass es jenen erleuchte, dieses erwärme, und eintreten in die Gebiete der Wahrheit und Ordnung, wo die Bestimmung des Menschen, die wahre Glückseligkeit thront." (In: Ulrich im Hof: Das Europa der Aufklärung. München 1993, S. 13.) Der Schriftsteller Georg Christoph Lichtenberg hatte ein anderes Symbol für die Aufklärung im Blick: „Ich möchte zum Zeichen der Aufklärung das bekannte Zeichen des Feuers vorschlagen. Es gibt Licht und Wärme, es ist zum Wachstum und Fortschreiten alles dessen, was lebt, unentbehrlich; aber unvorsichtig gebraucht, brennt es auch und zerstört." (In: Gemischte Schriften von Georg Christoph Lichtenberg, Bd. 2. Hg. von Ludwig Christoph Lichtenberg / Friedrich Kries. Wien 1817, S. 307.)

GOTTHOLD EPHRAIM LESSING

1. Karriere, Gesundheit, Liebe, Familie, Wohlstand, Ansehen – ermitteln Sie mithilfe des folgenden Textes, welche dieser Bereiche sich wohl zu Lessings Zufriedenheit entwickelt haben.

Dem Mann ist alles geglückt. [...] Er hatte das Glück, eine der besten Schulen im damaligen Deutschland zu besuchen, dort durch Scharfsinn, Fleiß und Unerschrockenheit hervorzuragen [...] und er hatte die Insistenz, seinen vorzeitigen Abgang durchzusetzen, um früh ans Studieren zu kommen. Aber als er dann in Leipzig war, dachte er nicht mehr an die Theologie, kaum mehr an die Universität: Er hatte das Zeit-Gespür fürs Theater, und sein erstes Stück, „Der junge Gelehrte", wurde auch gleich gespielt; da war er gerade achtzehn. Als er etwas später nach Berlin ging, brauchte er keine zwei Jahre, bis ein damals berühmter Mann über ihn schrieb: „Ein neuer Criticus [ist] aufgestanden ..." Und als er schon, mit nunmehr fünfundzwanzig Jahren, „dieser berühmte Schriftsteller" genannt wurde, [...] probierte [er] wieder das Theater aus: Er brachte seinen Freunden in Berlin das erste deutsche „bürgerliche Trauerspiel" fertiggeschrieben mit, die „Miss Sara Sampson". Es war seine Entschiedenheit, die die Deutschen auf Shakespeare und das englische Theater brachte [...]. Bald darauf ist er in Hamburg dabei, als man dort ein Deutsches Nationaltheater gründet; er begleitet die Aufführungen mit kritischen Notizen und schreibt, binnen eines Jahres, so etwas wie das erste Buch Moses der deutschen Theaterkritik. Und er lernt, mit vierzig Jahren, die Frau seines Lebens kennen [...]. Er wird Leiter der damals renommiertesten [...] Bibliothek der Welt und macht dort Entdeckungen, deren Folgen Deutschland wie ein schweres, aber reinigendes Gewitter überziehen [...]. Sein Mut sucht seinesgleichen: Unter den Augen seines Herzogs schreibt er ein Stück gegen Fürstenwillkür und höfische Intrige, die „Emilia Galotti". Als er [...] Wien besucht, wird er seines gewaltig wachsenden Ruhms inne: Die Theater in der Kaiserstadt setzen seine Stücke an, das Publikum schreit sich nach ihm die Kehle aus, die Fürsten reißen sich um seine Tisch-Gesellschaft [...]. Zu den Ruhmestiteln, die ihm die Nachwelt gibt, gehört, dass er als „Erster in Deutschland die Forderung einer nationalen Literatur aufgestellt habe" [...]. – Er krönt sein Werk mit dem Versöhnungsdrama „Nathan der Weise" [...].

Dem Mann ist alles fehlgeschlagen. Nie hatte er Geld, auch dann nicht, wenn er welches hatte; denn gleich saß ihm die Verwandtschaft auf der Tasche, oder ein Bettler lief ihm über den Weg. [...] Die Leipziger Schauspieler, die sein Stück aufgeführt hatten, fliehen nach Wien und lassen ihn als Bürgen auf ihren Schulden sitzen. Als er sich vor den Gläubigern nach Berlin fliehen will, bricht er auf halbem Weg, in Wittenberg, krank zusammen. Als er endlich nach Berlin kommt, kann er sich vor lauter Abgerissenheit nicht unter die Leute wagen. [...] In Berlin [...] verscherzt er sich die Chance, je in die Nähe oder gar in die Gunst Friedrichs zu kommen. [...] Der Mann [wird] für seine Freunde zum Sozialfall. [...] Die Stelle eines Bibliothekars bekommt er 1757 so wenig wie knapp zehn Jahre später, als man ihn dreimal dem König empfiehlt. Seinen besten Freund [...] verliert er, als dieser [...] in den Krieg zieht. Die Berliner Freunde verliert er, als diese beginnen, ihn zu Tode zu langweilen. [...] Alles misslingt, und in Hamburg ist nicht nur der Traum vom Nationaltheater rasch und ärgerlich wieder vorbei, auch der Versuch eines Druckereiunternehmens scheitert kläglich und macht ihn ärmer als je. [...] [Sein langgehegter Lebenswunsch ist eine Reise nach Italien, aber als] er und seine Verlobte, Eva König, nach dreijähriger Trennung von Wien aus gemeinsam nach Norden reisen, als er die geliebte Frau endlich heimführen will, kommt ein herzoglicher Befehl: Jetzt muss er nach Süden; aber just jetzt ist Italien das Land, für das er keine Sinne, keine Augen, keine Nerven hat. Und als er endlich diese Frau doch noch geheiratet hat, [...] stirbt sie im Wochenbett, wenige Tage nach dem Kind. Der Satz aber, den er im Angesicht der Sterbenden an den Freund Eschenburg schreibt, [...] könnte, wenn der Mann ein willigeres Verhältnis zum Klagen gehabt hätte, als Leitsatz und Leidsatz über seinem ganzen Leben stehen: „Ich wollte es auch einmal so gut haben, wie andere Menschen; aber es ist mir schlecht bekommen."

Dieter Hildebrandt: Lessing. Biographie einer Emanzipation. München, 1979, S. 8–11. –

2. Recherchieren Sie mithilfe des Internets, auf welche Ereignisse sich der Text bezieht, und erstellen Sie eine Zeitleiste zu Lessings Leben. Ergänzen Sie weitere Daten, die Ihnen wichtig erscheinen. Beschränken Sie sich dabei auf die Ihrer Meinung nach 25 wichtigsten Aspekte.

FRAGMENTE EINES UNGENANNTEN

Lessing war eng mit dem Gymnasialprofessor Hermann Samuel Reimarus und dessen Familie befreundet. Wenn Reimarus und Lessing sich besuchten, tauschten sie ihre Gedanken über Gott und die Welt aus. Als sein Freund 1768 starb, arbeitete Lessing als Bibliothekar an der Herzoglichen Bibliothek in Wolfenbüttel.

Der folgende Briefwechsel könnte zwischen Lessing und Reimarus' Tochter stattgefunden haben. Erklären Sie mithilfe der Texte, wie es zur Veröffentlichung der „Fragmente eines Ungenannten" gekommen ist.

Lieber Gotthold,

vielen Dank für Deine Anteilnahme am Tod unseres Vaters Samuel. Wir haben nun begonnen, seinen Nachlass zu sortieren, und sind dabei auf Aufzeichnungen von mehr als tausend Seiten gestoßen, in denen er sich kritisch mit der Bibel, der Kirche und ihrem absoluten Wahrheitsanspruch der christlichen Offenbarung auseinandersetzt.

Du kanntest Samuel und weißt, dass er alles mit den Mitteln der Vernunft zu hinterfragen pflegte. Oft habt auch ihr beide euch über die irrationalen Wunder der Bibel unterhalten. Ich erinnere mich noch an eure Diskussion über den Durchgang der Israeliten durch das Rote Meer oder das Wunder der Auferstehung. All seine Gedanken scheint unser Vater schriftlich festgehalten zu haben.

Da Du für unseren lieben Vater immer ein Bruder im Geiste warst, hat unsere Mutter sich dazu entschlossen, diese Schriften Dir zu hinterlassen.

Ganz herzliche Grüße

Deine Elise

Meine werten Freunde,

ich danke euch sehr für die Übersendung von Samuels Schriften. Noch immer erinnere ich mich gerne an die abendfüllenden und von seinem klugen und vernünftigen Geist geprägten Unterhaltungen, die ich zu meiner Zeit in Hamburg mit ihm führen durfte.

Wir waren beide der Ansicht, dass es sich bei der Bibel nicht um eine wörtlich zu nehmende Offenbarung Gottes handelt, sondern um einen Text, der von Menschen verfasst wurde, der eben darum auch mit den Mitteln der Vernunft hinterfragt werden darf.

Samuel hat sicherlich gut daran getan, die Schriften in Zeiten wie diesen nicht zu veröffentlichen. Dennoch halte ich den Moment für gekommen, eine öffentliche Diskussion über theologische Fragen zu führen. Euer Einverständnis vorausgesetzt, werde ich vorgeben, die Schriften im Rahmen meiner Tätigkeit als Bibliothekar an der Herzoglichen Bibliothek in Wolfenbüttel in den Beständen gefunden zu haben. Mit Rücksicht auf euch würde ich gerne einen Teil seines Werkes unter dem Titel „Fragmente eines Ungenannten" veröffentlichen. Ich gedenke, die „Fragmente" zusätzlich mit einem Kommentar meinerseits zu versehen.

Auf eure Zustimmung hoffend, grüßt euch aufs Herzlichste

Euer Gotthold Ephraim

DER FRAGMENTENSTREIT

Die Herausgabe der „Fragmente eines Ungenannten“ (1774–1778) rief zahlreiche Proteste hervor. Besonders heftig wurde Lessing von dem Hauptpastor Johann Melchior Goeze (1717–1786) attackiert, sodass sich schließlich auch der Herzog von Braunschweig (1713–1780) einschaltete.

1. Lesen Sie die nachfolgenden Zitate und ordnen Sie sie den drei am Fragmentenstreit beteiligten Personen zu. Stellen Sie eine chronologische Reihenfolge der Texte her. Fassen Sie mit eigenen Worten zusammen, weshalb Lessing seinen „Nathan“ schrieb.

◯ ______________________: „Euch ist zwar bei Gelegenheit der von euch untertänigst nachgesuchten Erlaubnis zur Herausgabe der so genannten Beiträge aus den Schätzen Unsrer Fürstl. Bibliothek zu Wolfenbüttel die Zensurfreiheit [...] in Gnaden erteilet worden. [... D]iesem ganz unleidlichen Unwesen [gewisse Fragmente eines Ungenannten zu drucken] und fast unerhörten Bestreben aber, die Religion in ihrem Grunde zu erschüttern, lächerlich und verächtlich machen zu wollen, [mag] nicht nachgesehen werden. [... Es wird befohlen,] aller ferneren Bekanntmachung dieser Fragmente und anderer ähnlichen Schriften, bei Vermeidung schwerer Ungnade [... sich] gänzlich zu enthalten. Wie denn auch die euch ehemals verliehene Dispension von der Zensur hiermit gänzlich aufgehoben, und Zurücklieferung des Originals davon euch hiermit befohlen wird.“

◯ ______________________: „Der Buchstabe ist nicht der Geist [...] und die Bibel ist nicht die Religion. Folglich sind Einwürfe gegen den Buchstaben und gegen die Bibel, nicht eben auch Einwürfe gegen den Geist und gegen die Religion. – Denn die Bibel enthält offenbar mehr, als zur Religion Gehöriges: und es ist bloße Hypothese, dass sie in diesem Mehreren gleich unfehlbar sein müsse. Auch war die Religion, ehe eine Bibel war. Das Christentum war, ehe Evangelisten und Apostel geschrieben hatten.“

◯ ______________________: „Ich muss versuchen, ob man mich auf meiner alten Kanzel, auf dem Theater wenigstens, noch ungestört will predigen lassen.“

◯ ______________________: „[Ich fordere von ihm eine] Erklärung, über die Fragen: was für eine Religion er durch die christliche Religion verstehe; und was für eine Religion er selbst als die wahre erkenne und annehme. Denn dass bei der Religion, die ich als die christliche bekenne und predige, die Bibel schlechterdings unentbehrlich sei, das kann ich beweisen, aber nicht dass solches auch von der Religion gelte, welche Herr Lessing die christliche nennet, und welche die seinige ist. [... I]st diese Religion die wahre christliche Religion? Auf diese kommt es vornehmlich an. Und wie ist es möglich, diese Frage zu untersuchen und zu entscheiden, solange Herr Lessing hier einer deutlichen und bestimmten Erklärung ausweicht, und wenn er sich hier als ein ehrlicher Mann erklären soll, den Lesern lauter blaue Dünste in die Augen bläset.“

◯ ______________________: „[... I]ch antworte auf die vorgelegte Frage so bestimmt, als nur ein Mensch von mir verlangen kann, dass ich unter der christlichen Religion alle diejenigen Glaubenslehren verstehe, welche in den Symbolis der ersten vier Jahrhunderte der christlichen Kirche enthalten sind.“

2. Am 11. 8. 1778 schreibt Lessing an seinen Bruder Karl: „Ich glaube, eine sehr interessante Episode dazu erfunden zu haben, [...] und [dass] ich gewiss den Theologen einen ärgern Possen damit spielen will, als noch mit zehn Fragmenten.“ Denken Sie, dass Lessing die gewünschte Wirkung erzielt hat? Welche Stellen des „Nathan“ könnten Goeze besonders geärgert haben?

EIN NEUES DEUTSCHES THEATER (1)

Johann Christoph Gottsched (1700 – 1766) bemühte sich als Erster um eine Reform des deutschen Theaterwesens. Er verfasste 1730 in seinem Aufsatz „Versuch einer kritischen Dichtkunst vor die Deutschen“ Grundsätze für eine vernünftige neue deutsche Dichtung. Dabei lehnte er sich an die strengen Regeln des französischen Theaters und an Boileaus Traktat „L'Art poétique“ (1674) an. Lange Zeit orientierte sich die deutsche Literatur an den Forderungen Gottscheds, erst Lessing griff seine Thesen an.

1. Im Folgenden finden Sie die Antworten, die Gottsched bei einem Interview mit einem literarischen Monatsblatt gegeben haben könnte. Formulieren Sie die entsprechenden Fragen.

1. Das Theater bietet dem Zuschauer die Möglichkeit, guten Geschmack und eine tugendhafte Gesinnung im Sinne der Aufklärung zu entwickeln. Nutzen und Vergnügen werden so verbunden.

2. Erdenkt der Dichter sich eine Handlung, so soll er, den Regeln der Vernunft folgend, die Gesetze der Natur beachten. Das Erdichtete muss Ähnlichkeit mit dem haben, was wirklich zu geschehen pflegt. Unwahrscheinliches, dem Bereich der Fantasie Entsprungenes oder unwahrscheinliche Gefühle gehören nicht in die Literatur.

3. Zuallererst wählt der Dichter einen lehrreichen moralischen Satz, den er seinen Zuschauern einprägen möchte. Als Nächstes sucht er in der Geschichte nach berühmten Leuten, denen etwas Ähnliches begegnet ist, deren Namen übernimmt er. Die Umstände, die diese Handlung wahrscheinlich wirken lassen, dichtet er dazu. Sein Werk teilt er dann in fünf Stücke, die etwa gleich lang sind, und ordnet sie so, dass sich die Handlung logisch aus dem Vorhergehenden ergibt.

4. Die Tragödie unterscheidet sich von der Komödie vor allem dadurch, dass sie statt des Gelächters den Schrecken und das Mitleiden mit den dargestellten Personen hervorruft. Die Tragödie bedient sich dabei vornehmer Menschen von hohem gesellschaftlichen Stand, denn nur sie können, wenn ihnen Unglück widerfährt, im Zuschauer solch heftige Gemütsbewegungen hervorrufen. Die Komödie dagegen handelt von Personen niederen Stands.

5. Ein Theaterstück muss sich an die Einheit der Handlung, der Zeit und des Ortes halten. So soll es nur eine Haupthandlung haben, aus der sich das gesamte Geschehen ergibt. Und ebenso wie die Handlung mit lebendigen Personen in einer bestimmten Zeitspanne auf der Bühne dargestellt wird, soll das dargestellte Geschehen maximal einen Umlauf der Sonne dauern. Und schließlich, da der Zuschauer auf einer Stelle sitzen bleibt, müssen auch alle spielenden Personen auf einem Platze bleiben, den die Zuschauer einsehen können, ohne ihren Ort zu verändern.

2. Untersuchen Sie das Drama „Nathan der Weise“: Weicht Lessing bei der Gestaltung stark von Gottscheds Vorstellungen ab? Berücksichtigen Sie die oben genannten Punkte.

In seinem „Siebzehnten Literaturbrief“ vom 16.2.1759 äußert sich Lessing folgendermaßen über Gottscheds Forderungen: „‚Niemand‘, sagen die Verfasser der Bibliothek, ‚wird leugnen, dass die deutsche Schaubühne einen großen Teil ihrer ersten Verbesserung dem Herrn Professor Gottsched zu danken habe.‘ Ich bin dieser Niemand; ich leugne es geradezu.“

EIN NEUES DEUTSCHES THEATER (2)

Lessing wird von einem Journalisten eines literarischen Monatsblatts interviewt. Formulieren Sie mithilfe des Auszugs aus Lessings „Siebzehntem Brief" passende Antworten auf die gestellten Fragen.

1. Waren Sie mit der Theatersituation zufrieden, so wie sie sich darstellte, bevor Gottsched Änderungen forderte?
2. Sie sagen, Gottsched habe ein „französierendes Theater" geschaffen. Was meinen Sie damit?
3. Was sind Ihrer Meinung nach denn die Vorzüge des englischen Theaters gegenüber dem französischen Theater?
4. Sie schreiben: „Ein Genie kann nur von einem Genie entzündet werden." Was wollen Sie damit ausdrücken?

ANTON GRAFF, Gotthold Ephraim Lessing (1771)

Lessing, Briefe, die neueste Literatur betreffend
Den 16. Februar 1759, Siebzehnter Brief

[...] Es wäre zu wünschen, dass sich Herr Gottsched niemals mit dem Theater vermengt hätte. Seine vermeinten Verbesserungen betreffen entweder entbehrliche Kleinigkeiten, oder sind wahre Verschlimmerungen.

[... Früher] sahe es freilich mit unserer dramatischen Poesie sehr elend aus. Man kannte keine Regeln; man bekümmerte sich um keine Muster. Unsre Staats- und Heldenaktionen waren voller Unsinn, Bombast, Schmutz und Pöbelwitz. Unsre Lustspiele bestanden in Verkleidungen und Zaubereien; und Prügel waren die witzigsten Einfälle derselben. [... Aber] Herr Gottsched [war] nicht der Erste, der es einsahe; er war nur der Erste, der sich Kräfte genug zutraute, ihm abzuhelfen. Und wie ging er damit zu Werke? Er verstand ein wenig Französisch und fing an zu übersetzen; er ermunterte alles, was reimen und *Oui Monsieur* verstehen konnte, gleichfalls zu übersetzen; er verfertigte, wie ein schweizerischer Kunstrichter sagt, mit Kleister und Schere seinen „Cato"; [...] er ließ den Harlekin feierlich vom Theater vertreiben, welches selbst die größte Harlekinade war, die jemals gespielt worden; kurz, er wollte nicht sowohl unser altes Theater verbessern, als der Schöpfer eines ganz neuen sein. Und was für eines neuen? Eines französierenden; ohne zu untersuchen, ob dieses französierende Theater der deutschen Denkungsart angemessen sei, oder nicht. Er hätte aus unsern alten dramatischen Stücken, welche er vertrieb, hinlänglich abmerken können, dass wir mehr in den Geschmack der Engländer, als der Franzosen einschlagen; dass wir in unsern Trauerspielen mehr sehen und denken wollen, als uns das furchtsame französische Trauerspiel zu sehen und zu denken gibt; dass das Große, das Schreckliche, das Melancholische besser auf uns wirkt als das Artige, das Zärtliche, das Verliebte; dass uns die zu große Einfalt mehr ermüde, als die zu große Verwickelung etc. [... Dies] würde ihn geraden Weges auf das englische Theater geführet haben. [...] Wenn man die Meisterstücke des Shakespeare, mit einigen bescheidenen Veränderungen, unsern Deutschen übersetzt hätte, [... würden jene] ganz andere Köpfe unter uns erweckt haben [...]. Denn ein Genie kann nur von einem Genie entzündet werden; und am leichtesten von so einem, das alles bloß der Natur zu danken zu haben scheinet, und durch die mühsamen Vollkommenheiten der Kunst nicht abschrecket. Auch nach den Mustern der Alten [= die Dichter der Antike: Sophokles, Euripides, Aischylos] die Sache zu entscheiden, ist Shakespeare ein weit größerer tragischer Dichter als Corneille; obgleich dieser die Alten sehr wohl, und jener fast gar nicht gekannt hat. Corneille kömmt ihnen in der mechanischen Einrichtung, und Shakespeare in dem Wesentlichen näher. Der Engländer erreicht den Zweck der Tragödie fast immer, so sonderbare und ihm eigene Wege er auch wählet; und der Franzose erreicht ihn fast niemals, ob er gleich die gebahnten Wege der Alten betritt. Nach dem „Ödipus" des Sophokles muss in der Welt kein Stück mehr Gewalt über unsere Leidenschaften haben als „Othello", als „König Lear", als „Hamlet" etc. [...]

In: BENNO VON WIESE (Hg.): Deutsche Dramaturgie vom Barock bis zur Klassik. Tübingen 1979, S. 17–19.

WAS IST AUFKLÄRUNG? (1)

1. Das Wort „aufklären“ wird in verschiedenen Zusammenhängen verwendet.
   a) Welche Bedeutung hat „aufklären“ bzw. „Aufklärung“ in den folgenden Sätzen? Umschreiben Sie die Begriffe jeweils mit eigenen Worten.
   b) Welche semantische (d. h. inhaltliche) Schnittmenge lässt sich feststellen? Verfassen Sie in Partnerarbeit eine kurze allgemeine Definition, die das gesamte Bedeutungsspektrum des Begriffs „Aufklärung“ umfasst.

„Schau mal aus dem Fenster, es klärt endlich auf!“
„Bienchen und Blümchen? Wird Zeit, dass dich jemand mal aufklärt!“
„Mithilfe des Zeugen gelang uns gestern die Aufklärung des Verbrechens.“
„Gut, dass er diesen Irrtum aufgeklärt hat!“
„Der Hubschrauber startet jetzt zu einem Aufklärungsflug.“

2. Auch der Philosoph Immanuel Kant hat sich mit der Frage „Was ist Aufklärung?“ beschäftigt.
   a) Setzen Sie sich mit den folgenden Schülerkommentaren zu Kants Text (S. 17 / 18) auseinander: Korrigieren Sie falsche Angaben und notieren Sie für alle Aussagen die passenden Zeilennummern des Kant-Textes.
   b) Fassen Sie Ziele und Mittel der Aufklärung in eigenen Worten schriftlich zusammen.

Hanna: „Kant war der Meinung, dass die Menschen noch nicht klug genug waren, um sich aus ihrer Abhängigkeit zu befreien.“

Yannik: „Laut Kant sind die meisten Menschen so sehr daran gewöhnt, nicht selber zu denken, dass sie das auch nicht ändern möchten.“

Maria: „Kant schreibt, dass bei den Frauen damals absichtlich die Angst vor der Freiheit geschürt wurde, um zu verhindern, dass sie sich von den Männern unabhängig machten.“

Thiel: „Kant war der Meinung, dass jeder Mensch dazu in der Lage ist, sich aus eigenem Antrieb aus der Unmündigkeit zu befreien.“

Julia: „Kant möchte erreichen, dass die Menschen sich endlich gegen das Feudalsystem auflehnen und eine neue Gesellschaftsform aufbauen, in der sie freier sind.“

Felix: „Kant befürwortet den aufgeklärten Absolutismus.“

Marvin: „Außerhalb der beruflichen Verpflichtungen dürfen z. B. selbst ein Offizier oder ein Geistlicher Kritik an den bestehenden Verhältnissen üben, auch vor einer großen Menschenmenge.“

3. Beurteilen Sie Kants Gedanken aus heutiger Sicht: Erscheinen sie Ihnen eher fortschrittlich oder rückständig? Wie erklären Sie sich Ihre Wahrnehmung?

WAS IST AUFKLÄRUNG? (2)

Immanuel Kant, Beantwortung der Frage: Was ist Aufklärung? (1784)

Aufklärung ist der Ausgang des Menschen aus seiner selbstverschuldeten Unmündigkeit. Unmündigkeit ist das Unvermögen, sich seines Verstandes ohne Leitung eines anderen zu bedienen. Selbst verschuldet ist diese Unmündigkeit, wenn die Ursache derselben nicht am Mangel des Verstandes, sondern der Entschließung und des Mutes liegt, sich seiner ohne Leitung eines anderen zu bedienen. *Sapere aude!* Habe Mut, dich deines eigenen Verstandes zu bedienen! ist also der Wahlspruch der Aufklärung.

Faulheit und Feigheit sind die Ursachen, warum ein so großer Teil der Menschen, nachdem sie die Natur längst von fremder Leitung freigesprochen (*naturaliter maiorennes*), dennoch gerne zeitlebens unmündig bleiben; und warum es anderen so leicht wird, sich zu deren Vormündern aufzuwerfen. Es ist so bequem, unmündig zu sein. Habe ich ein Buch, das für mich Verstand hat, einen Seelsorger, der für mich Gewissen hat, einen Arzt, der für mich die Diät beurteilt, usw., so brauche ich mich ja nicht selbst zu bemühen. Ich habe nicht nötig zu denken, wenn ich nur bezahlen kann; andere werden das verdrießliche Geschäft schon für mich übernehmen. Dass der bei weitem größte Teil der Menschen (darunter das ganze schöne Geschlecht) den Schritt zur Mündigkeit, außer dem dass er beschwerlich ist, auch für sehr gefährlich halte, dafür sorgen schon jene Vormünder, die die Oberaufsicht über sie gütigst auf sich genommen haben. Nachdem sie ihr Hausvieh zuerst dumm gemacht haben und sorgfältig verhüteten, dass diese ruhigen Geschöpfe ja keinen Schritt außer dem Gängelwagen, darin sie sie einsperreten, wagen durften, so zeigen sie ihnen nachher die Gefahr, die ihnen drohet, wenn sie es versuchen allein zu gehen. Nun ist diese Gefahr zwar eben so groß nicht, denn sie würden durch einigemal Fallen wohl endlich gehen lernen; allein ein Beispiel von der Art macht doch schüchtern und schreckt gemeinhin von allen ferneren Versuchen ab.

Es ist also für jeden einzelnen Menschen schwer, sich aus der ihm beinahe zur Natur gewordenen Unmündigkeit herauszuarbeiten. Er hat sie sogar lieb gewonnen und ist vorderhand *wirklich unfähig, sich seines eigenen Verstandes zu bedienen, weil man ihn niemals den Versuch davon* machen ließ. Satzungen und Formeln, diese mechanischen Werkzeuge eines vernünftigen Gebrauchs oder vielmehr Missbrauchs seiner Naturgaben, sind die Fußschellen einer immerwährenden Unmündigkeit. Wer sie auch abwürfe, würde dennoch auch über den schmalsten Graben einen nur unsicheren Sprung tun, weil er zu dergleichen freier Bewegung nicht gewöhnt ist. Daher gibt es nur wenige, denen es gelungen ist, durch eigene Bearbeitung ihres Geistes sich aus der Unmündigkeit herauszuwickeln und dennoch einen sicheren Gang zu tun.

Dass aber ein Publikum sich selbst aufkläre, ist eher möglich; ja es ist, wenn man ihm nur Freiheit lässt, beinahe unausbleiblich. Denn da werden sich immer einige Selbstdenkende sogar unter den eingesetzten Vormündern des großen Haufens finden, welche, nachdem sie das Joch der Unmündigkeit selbst abgeworfen haben, den Geist einer vernünftigen Schätzung des eigenen Werts und des Berufs jedes Menschen, selbst zu denken, um sich verbreiten werden. Besonders ist hierbei: dass das Publikum, welches zuvor von ihnen unter dieses Joch gebracht worden, sie hernach selbst zwingt darunter zu bleiben, wenn es von einigen seiner Vormünder, die selbst aller Aufklärung unfähig sind, dazu aufgewiegelt worden; so schädlich ist es Vorurteile zu pflanzen, weil sie sich zuletzt an denen selbst rächen, die oder deren Vorgänger ihre Urheber gewesen sind. Daher kann ein Publikum nur langsam zur Aufklärung gelangen. Durch eine Revolution wird vielleicht wohl ein Abfall von persönlichem Despotismus und gewinnsüchtiger oder herrschsüchtiger Bedrückung, aber niemals wahre Reform der Denkungsart zustande kommen; sondern neue Vorurteile werden, ebensowohl als die alten, zum Leitbande des gedankenlosen großen Haufens dienen.

Immanuel Kant
Immanuel Kant (1724–1804) gilt heute als einer der bedeutendsten Philosophen der Aufklärung. Besonders bekannt ist seine Forderung „Handle so, dass die Maxime deines Willens jederzeit zugleich als Prinzip einer allgemeinen Gesetzgebung gelten könne!" – der kategorische Imperativ. Mit seiner 1784 veröffentlichten Schrift „Beantwortung der Frage: Was ist Aufklärung?" reagierte Kant auf einen Artikel des Berliner Pfarrers Johann Friedrich Zöllner, der im Dezember 1783 in der „Berlinischen Monatsschrift" veröffentlicht worden war. Zöllner hatte die Bewegung der Aufklärung und die Verwirrung, die in ihrem Namen unter den Menschen entstanden sei, kritisiert und in einer Fußnote bemängelt, dass es noch keine ausreichende Definition des Begriffs gebe: „Was ist Aufklärung? Diese Frage, die beinahe so wichtig ist, als: was ist Wahrheit, sollte doch wohl beantwortet werden, ehe man aufzuklären anfinge! Und doch habe ich sie nirgends beantwortet gefunden!"

WAS IST AUFKLÄRUNG? (3)

Zu dieser Aufklärung aber wird nichts erfordert als Freiheit; und zwar die unschädlichste unter allem, was nur Freiheit heißen mag, nämlich die: von seiner Vernunft in allen Stücken öffentlichen Gebrauch zu machen. [...] Der öffentliche Gebrauch seiner Vernunft muss jederzeit frei sein, und der allein kann Aufklärung unter Menschen zustande bringen; der Privatgebrauch derselben aber darf öfters sehr enge eingeschränkt sein, ohne doch darum den Fortschritt der Aufklärung sonderlich zu hindern. Ich verstehe aber unter dem öffentlichen Gebrauche seiner eigenen Vernunft denjenigen, den jemand als Gelehrter von ihr vor dem ganzen Publikum der Leserwelt macht. Den Privatgebrauch nenne ich denjenigen, den er in einem gewissen ihm anvertrauten bürgerlichen Posten oder Amte von seiner Vernunft machen darf. [...] So würde es sehr verderblich sein, wenn ein Offizier, dem von seinen Oberen etwas anbefohlen wird, im Dienste über die Zweckmäßigkeit oder Nützlichkeit dieses Befehls laut vernünfteln wollte; er muss gehorchen. Es kann ihm aber billigermaßen nicht verwehrt werden, als Gelehrter über die Fehler im Kriegesdienste Anmerkungen zu machen und diese seinem Publikum zur Beurteilung vorzulegen. Der Bürger kann sich nicht weigern, die ihm auferlegten Abgaben zu leisten; sogar kann ein vorwitziger Tadel solcher Auflagen, wenn sie von ihm geleistet werden sollen, als ein Skandal (das allgemeine Widersetzlichkeiten veranlassen könnte) bestraft werden. Eben derselbe handelt demungeachtet der Pflicht eines Bürgers nicht entgegen, wenn er als Gelehrter wider die Unschicklichkeit oder auch Ungerechtigkeit solcher Ausschreibungen öffentlich seine Gedanken äußert. Ebenso ist ein Geistlicher verbunden, seinen Katechismusschülern und seiner Gemeinde nach dem Symbol der Kirche, der er dient, seinen Vortrag zu tun; denn er ist auf diese Bedingung angenommen worden. Aber als Gelehrter hat er volle Freiheit, ja sogar den Beruf dazu, alle seine sorgfältig geprüften und wohlmeinenden Gedanken über das Fehlerhafte in jenem Symbol und Vorschläge wegen besserer Einrichtung des Religions- und Kirchenwesens dem Publikum mitzuteilen. [...]

Wenn denn nun gefragt wird: Leben wir jetzt in einem aufgeklärten Zeitalter?, so ist die Antwort: Nein, aber wohl in einem Zeitalter der Aufklärung. Dass die Menschen, wie die Sachen jetzt stehen, im Ganzen genommen, schon imstande wären, oder darin auch nur gesetzt werden könnten, in Religionsdingen sich ihres eigenen Verstandes ohne Leitung eines andern sicher und gut zu bedienen, daran fehlt noch sehr viel. Allein, dass jetzt ihnen doch das Feld geöffnet wird, sich dahin frei zu bearbeiten, und die Hindernisse der allgemeinen Aufklärung, oder des Ausganges aus ihrer selbst verschuldeten Unmündigkeit allmählich weniger werden, davon haben wir doch deutliche Anzeigen. In diesem Betracht ist dieses Zeitalter das Zeitalter der Aufklärung oder das Jahrhundert Friedrichs. [...]

In: Immanuel Kants sämtliche Werke in chronologischer Reihenfolge, Bd. 4. Hg. von GUSTAV HARTENSTEIN. Leipzig 1867, S. 161–166.

DANIEL NIKOLAUS CHODOWIECKI, Aufklärung (1791)

4. Mit Daniel Chodowieckis Kupferstich wurde erstmals versucht, die Gedanken der Aufklärung zu verbildlichen.

a) Beschreiben Sie das Bild genau.

b) Ist es dem Künstler gelungen, sowohl die Bedeutung des Wortes „Aufklärung" in all seinen Facetten als auch die Ideen Kants zu erfassen? Begründen Sie Ihre Meinung.

2. HANDLUNG UND FIGUREN

EINFÜHRUNG

Lessings „Nathan" ist ein Ideendrama, das vor allem darauf abzielt, den Zuschauer zu mehr Toleranz und „aktivem" Glauben zu bewegen. Da der Autor nach der auferlegten Zensur seine theologischen Überlegungen in theoretischer Form nicht mehr veröffentlichen durfte, setzte er den Fragmentenstreit auf der Bühne fort.

Dem Dialog als erzieherisches Mittel kommt daher im Drama eine besondere Bedeutung zu: Immer wieder versucht Nathan im Gespräch, sein Gegenüber von den Gedanken der Aufklärung zu überzeugen, die in der Ringparabel an zentraler Stelle noch einmal besonders anschaulich und eindringlich formuliert werden. Heute sind wir weit davon entfernt, Lessings Traum von der einen Menschheitsfamilie zu verwirklichen. Gerade deshalb bietet das Stück zahlreiche Bezugspunkte zur Lebenswelt der Schüler und Stoff für Diskussionen über menschliche Werte.

Am Anfang des Kapitels stehen Kopiervorlagen, die sich auf das gesamte Drama beziehen: So erarbeiten sich die Schüler einen Überblick über Handlung und Struktur des Dramas (S. 33) sowie Informationen über den historischen Hintergrund (KV S. 34/35). Anhand der Kopiervorlage „Wer kann hier wie mit wem?" (S. 36) können Mittel für die Darstellung von Figurenkonstellationen wiederholt werden.

Die folgenden Arbeitsblätter (S. 37–49) sind chronologisch an den Gang der Handlung angelehnt. Im Mittelpunkt steht die Analyse der drei großen „Erziehungsdialoge" des Dramas, in denen Nathan seine Ziehtochter Recha, den Tempelherrn und den Sultan Saladin von seinen Toleranzgedanken überzeugen kann. Daran schließt sich eine Untersuchung der Figuren an, die an ihrem Dogmatismus festhalten: Daja und der Patriarch können oder wollen sich aus unterschiedlichen Gründen nicht dazu entschließen, an dem Entstehen einer Gesellschaft mitzuwirken, die von gegenseitiger Achtung geprägt ist. Eine Chronologie der Entwicklung von Islamophobie seit den Anschlägen in New York 2001 sowie ein Zeitungsartikel zum Thema werden zum Anlass genommen, über Intoleranz in der heutigen Zeit zu sprechen und Gegenmaßnahmen zu entwerfen. Außerdem soll diskutiert werden, wieso man den „Nathan" trotz seines „Scheiterns" – denn immerhin haben wir das hier formulierte Ziel auch nach über 200 Jahren nicht erreicht – heute noch lesen sollte.

Es bietet sich an, im Unterricht der Chronologie des Dramas zu folgen. Die Kopiervorlagen können dabei sinnvoll in der hier vorgeschlagenen Reihenfolge eingesetzt werden. Steht nicht genügend Zeit zur Verfügung, können sie auch unabhängig voneinander verwendet werden.

Lernziele
- Die Schüler erschließen sich die Charaktere der Hauptfiguren des Dramas und deren Beziehungen untereinander.
- Sie erkennen die Bedeutung der Dialoge für den Fortgang der Handlung und entwickeln Kriterien für die Beurteilung von Kommunikation.
- Sie üben sich im Argumentieren und in der Vermittlung des Toleranzgedankens.

Zur Kopiervorlage Seite 33: HANDLUNGSÜBERSICHT UND STRUKTUR

Es hat sich bewährt, die Schüler lektürebegleitend einen tabellarischen Überblick über den Handlungsverlauf erstellen zu lassen. Dieses Vorgehen ermöglicht ihnen während der Unterrichtseinheit eine schnelle Orientierung im Drama, die wertvolle Unterrichtszeit spart, wenn es z. B. darum geht, Querverweise zu anderen Szenen herzustellen. Wenn ganz klar festgelegt ist, welche Informationen hier aufgenommen werden dürfen (z. B. keine Interpretationen der Szenen), können die Schüler diese Übersicht gegebenenfalls auch in der Klausur benutzen.

Das Schema des klassischen Dramas lässt sich auf „Nathan der Weise" übertragen. Die Bearbeitung der zweiten und dritten Aufgabe ist erst sinnvoll, wenn die Schüler das gesamte Drama gelesen haben, da dafür ein Überblick über die Gesamthandlung Voraussetzung ist.

Lösung

Aufgabe 1

Das Internet bietet zahlreiche Übersichten über den Handlungsverlauf. Daher wird an dieser Stelle auf eine ausführliche Lösung verzichtet. Als verwendbare Beispiele seien genannt:
- *http://www.teachsam.de/deutsch/d_literatur/d_aut/les/les_dram/les_nathan/les_nathan_6_4.htm*
- *http://www.schneid9.de/literatur/nathan.html*

Aufgabe 2
- fallende Handlung: Die Handlung steuert auf die Lösung des Konflikts zu, häufig verbunden mit einer Verlangsamung zur Spannungssteigerung (retardierendes Moment).
- Lösung: Die Konflikte lösen sich, d. h. es kommt entweder zu einem Happy End oder zur Katastrophe.
- Peripetie (= Umschlag): Die Spannung erreicht ihren Höhepunkt.
- Exposition: Einführung der Figuren, Informationen zu Ort und Zeit der Handlung, Ankündigung des Konflikts, evtl. Erläuterung der Vorgeschichte
- steigende Handlung: Der Konflikt spitzt sich zu, die Spannung steigt.

Aufgabe 3

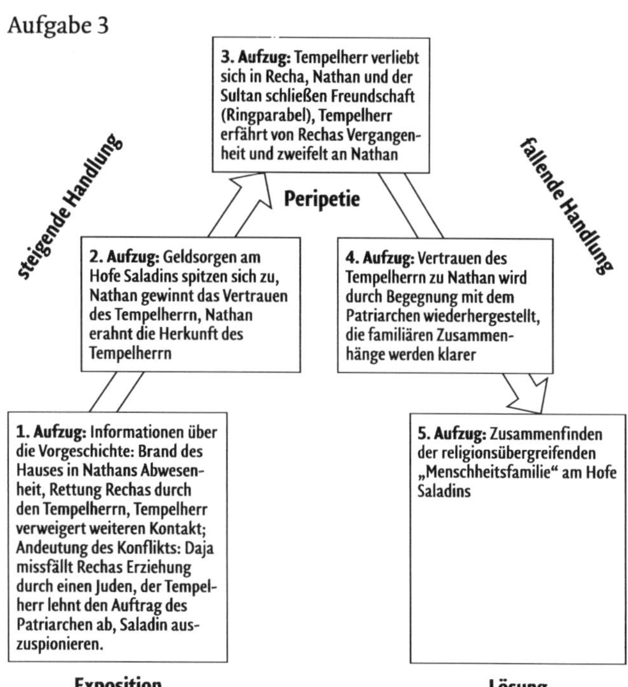

Zur Kopiervorlage Seite 34: DER HISTORISCHE HINTERGRUND

Verschiedene Aspekte des historischen Hintergrunds sind für das Verständnis des Dramas wichtig oder interessant. Immer mehr fordern die Lehrpläne ein selbstständiges und eigenverantwortliches Lernen der Schüler, um sie auf ein späteres Studium oder das Arbeitsleben vorzubereiten. Hier wird daher im Rahmen eines kleinen Projekts die Möglichkeit geboten, die Schüler in arbeitsteiliger Gruppenarbeit Referate zu vorgegebenen Themen erarbeiten zu lassen. Eine Kleingruppe sollte aus maximal fünf Schülern bestehen, um ein effektives Arbeiten aller Gruppenteilnehmer zu sichern.

Leiten Sie die Schüler zu einem sinnvollen Umgang mit den im Internet angebotenen Informationen an: Besprechen Sie vor Beginn der Gruppenarbeit gemeinsam das Vorgehen. Weisen Sie darauf hin, dass die im Internet zu findenden vorgefertigten Referate sehr oft inhaltlich fehlerhaft und die dort präsentierten Informationen häufig sehr oberflächlich sind. In der Regel entsprechen Sie auch nicht der tatsächlichen Aufgabenstellung. Verweisen Sie auf „Wikipedia" als Ausgangspunkt der Recherche – auch wenn die Einträge nicht wissenschaftlich fundiert sind, liefern sie meist gute erste Informationen.

Geben Sie einen Zeitrahmen vor, innerhalb dessen die Handouts erarbeitet sein sollen und Ihnen zur Einsicht vorgelegt werden müssen. Geben Sie ebenfalls die Termine für die Referate bekannt. Auch die Einhaltung von Zeitplänen gehört zu den Lernzielen.

Bauen Sie die Referate (Zeitvorgabe: maximal 15 Minuten) sinnvoll in Ihren Unterricht ein. Die Vorstellung der drei Religionen sollte ebenso wie die Referate über Jerusalem und die Zeit der Kreuzzüge eher am Anfang der Unterrichtsreihe stehen.

Die übrigen Themen eignen sich zur Vorbereitung auf bestimmte Kopiervorlagen: „Der Templerorden" → KV „Vorurteilen keine Chance!", S. 38; „Das historische Vorbild für die Figur des Sultans Saladin" → KV „Der Sultan Saladin", S. 42; „Die Situation der Juden zur Zeit der Kreuzzüge" → KV „Gegen den Dogmatismus", S. 47; „Die Situation der Juden zur Zeit Lessings" → KV „Der Fragmentenstreit", S. 13.

Zur Kopiervorlage Seite 35: DIE KREUZZUGSBEWEGUNG

Lessings Drama spielt zur Zeit des Dritten Kreuzzugs und man stößt im Laufe der Lektüre immer wieder auf historische Bezüge. Da den Schülern diese Thematik meist sehr fern ist, bietet es sich an, ihnen mithilfe des Informationstextes einen ersten Überblick zu vermitteln. Alternativ oder ergänzend kann auch ein Schülerreferat zu diesem Thema gehalten werden (siehe KV S. 34).

Lösung

Aufgabe 1
Die Kreuzzüge wurden aus religiösen, wirtschaftlichen und politischen Gründen geführt.

Aufgabe 2
Textstellen, die auf den historischen Hintergrund verweisen: V. 573–576: Gefangennahme des Tempelherrn während des Versuchs, die Festung Tebnin zurückzuerobern; V. 632–649: Waffenstillstand zwischen Richard Löwenherz und Saladin; König Philipp II., der den Kreuzzug abgebrochen hatte, plante von Frankreich aus eine Verschwörung gegen Richard; V. 756–761: Ertrinken von König I. Friedrich Barbarossa im Fluss Saleph; V. 854–862: Waffenstillstand zwischen Richard Löwenherz und Saladin; V. 889–895: Versuch der Angehörigen des Templerordens, die Festung Akkon zu halten.

Aufgabe 3
Lessing schrieb das Drama, um seinen Disput mit dem Hamburger Hauptpastor Goeze fortzuführen. Da Lessing der Zensur unterlag, musste er die Handlung in eine andere Zeit verlegen, die sich deutlich von der eigenen unterschied, aber dennoch Parallelen aufwies. Der historische Sultan Salah ad-Din trug bereits auffallend aufklärerische Züge, sodass sich die Phase des Waffenstillstands zwischen Saladin und Richard für das geplante Bühnenstück anbot.

Zur Kopiervorlage Seite 36: WER KANN HIER WIE MIT WEM?

Ein wichtiger Aspekt der Dramenanalyse ist die schematische Darstellung der Beziehungen der Figuren untereinander. Figurenkonstellationen dienen der Veranschaulichung oder der

Ergebnissicherung. Sie können auch dazu genutzt werden, um Charakterisierungen oder Interpretationen vorzubereiten.

Bei der Vorbereitung beschäftigen sich die Schüler bereits intensiv mit dem Text und müssen ihn interpretieren, bevor sie die gewonnenen Erkenntnisse allgemein verständlich „auf den Punkt bringen“. Diese Visualisierung ist auch eine gute Übung für andere Präsentationsaufgaben, wie z. B. Referate.

Im „Nathan“ ändern sich die „Beziehungsgeflechte“ mehrfach. Vor allem der Tempelherr überdenkt seine Einstellung zu seinen Mitmenschen an verschiedenen Stellen. Um diese Veränderung sichtbar zu machen, können auch mehrere „Momentaufnahmen“ einander kontrastiv gegenübergestellt werden.

Die Kopiervorlage wiederholt zunächst – ausgehend von einem nicht ganz gelungenen Beispiel – grundlegende darstellerische Mittel. Anschließend sollen die Schüler drei Figurenkonstellationen zu vorgegebenen Textstellen entwerfen, die die Entwicklung des Tempelherrn visualisieren. Im Anschluss bietet es sich an, diese Figur genauer unter die Lupe zu nehmen (siehe KV S. 38/39). Alternativ zu dem auf der Kopiervorlage abgebildeten Schaubild kann auch eine Figurenkonstellation genutzt werden, die im Internet unter *https://commons.wikimedia.org/wiki/File:Nathan_der_Weise-Figurenkonstellation_v2.png* zu finden ist. Anhand dieses Beispiels (auf Folie gezogen und an die Wand projiziert) lässt sich gut veranschaulichen, dass es auf eine konzentrierte und übersichtliche Darstellung ankommt.

Lösung

Aufgabe 1

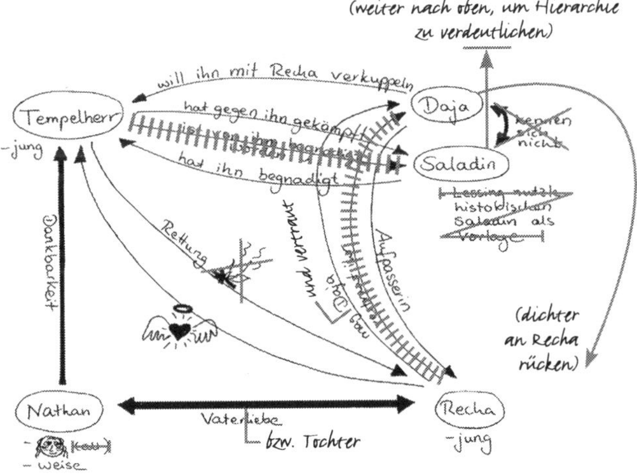

Aufgabe 2

Gut gelungen: Zeitpunkt der Situation ist erkennbar; sinnvolle Mittel der Darstellung genutzt (beteiligte Figuren durch Einkreisung auf einen Blick erkennbar, Pfeile unterschiedlicher Dicke und Richtung, Symbole ...); wichtige Beziehungen sind eingetragen.

Weniger gut gelungen: Anordnung der Figuren (spiegelt weder Hierarchien noch die Nähe/Distanz der Figuren zueinander wider, z. B. stehen Daja und Saladin dicht beieinander, Daja ist Saladin „übergeordnet“ → Unübersichtlichkeit); willkürliche Pfeildicke (z. B. bei „kennen sich nicht“); z. T. Fehler (z. B. falsche Pfeilrichtung bei „Vaterliebe“); z. T. unwichtige Informationen (z. B. „kennen sich nicht“); z. T. Informationen doppelt (z. B. bei „ist begnadigt worden“ und „hat begnadigt“), Zuordnung mehrerer Pfeile zu einer Figur (vom Tempelherrn zu Saladin); Einbeziehen der Metaebene (Lessings historische Vorlagen); Symbole sind nicht immer gut getroffen (qualmendes Lagerfeuer für den Hausbrand); Symbole werden zusätzlich erklärt (z. B. zu Nathan „alt“).

Aufgabe 3

Möglicher Tafelanschrieb:

Mittel der Darstellung	sagt etwas über ...	zu beachten
Figurennamen	die Figuren, die Teil des Beziehungsgeflechts sind	Anordnung der Namen im Raum (Wie nahe stehen sich die Figuren? Gibt es Hierarchien?)
Pfeile	die Beziehungen zwischen den Figuren	• Richtung des Pfeils (Von wem geht die Beziehung aus? Ist sie einseitig oder beidseitig?) • Pfeildicke (Wie intensiv ist die Beziehung?)
Anmerkungen	Art der Beziehung (ausformuliert)	am besten auf dem Pfeil zu platzieren
Symbole	Art der Beziehung (symbolisiert)	sollten selbsterklärend und allgemein verständlich sein
Farben	Art der Beziehung (Gemeinsamkeiten/Unterschiede sind auf einen Blick erkennbar)	zusätzliches Merkmal, das sich z. B. für gesunde/kranke Beziehungen oder Gefühle wie Zuneigung/Abneigung eignet

Aufgabe 4

Figurenkonstellation nach I, 6:

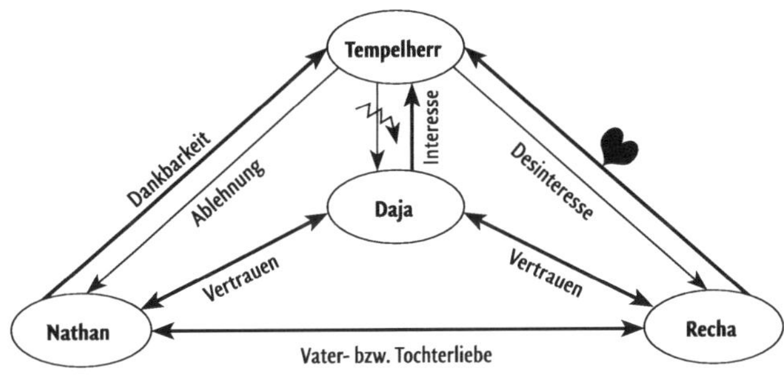

Figurenkonstellation nach II, 5:

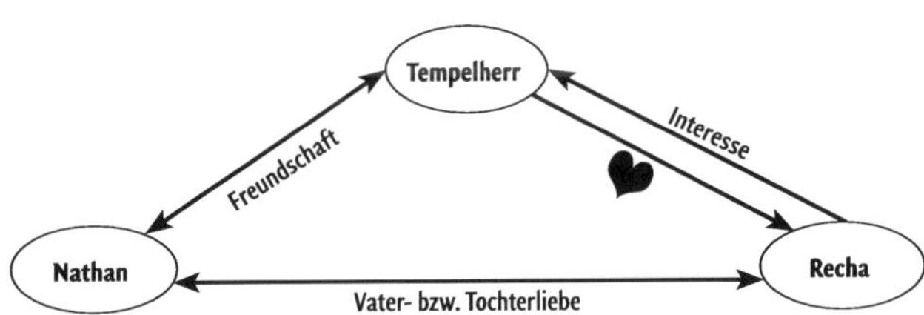

Figurenkonstellation nach V, 8:

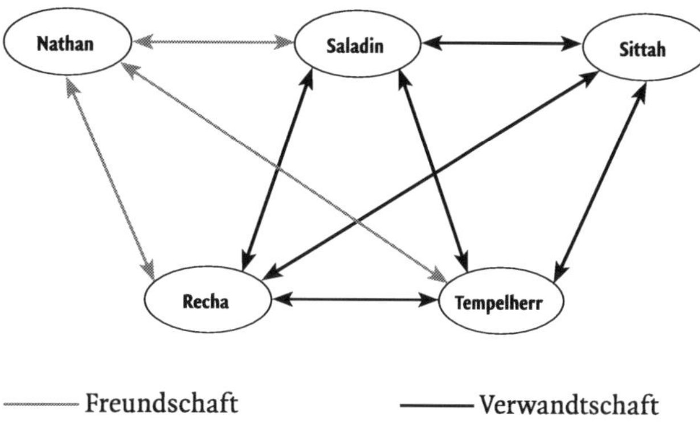

Zur Kopiervorlage Seite 37: EIN WAHRES WUNDER?

Nathans Gespräch mit Recha in Szene I, 2 ist der erste von den drei wichtigen Erziehungsdialogen im Drama. Recha, die sich die Gottesvorstellung und den Wunderglauben ihrer christlichen Erzieherin Daja zu eigen gemacht hat, ist zunächst davon überzeugt, dass sie von einem übernatürlichen Engel aus den Flammen gerettet wurde. Nathan, der den Dingen stets mit Vernunft begegnet, gelingt es, die junge Frau mithilfe „vernünftiger" Argumente aus ihrer anfänglichen Unmündigkeit herauszuführen (siehe auch KV „Was ist Aufklärung?", S. 16–18). Unter Einsatz verschiedener Gesprächsstrategien führt er ihr vor Augen, dass frommes Schwärmen die Menschen zu Überheblichkeit und Passivität verführt und sie daran hindert, sich durch aktiv gelebte Nächstenliebe selbst in die Gesellschaft einzubringen.

Die Schüler beschreiben zunächst die Beziehung zwischen Nathan und seiner Pflegetochter (Szene I, 1), um anschließend die beiden unterschiedlichen Erklärungsansätze mit eigenen Worten zu benennen. Die folgende Untersuchung der Erziehungsmaßnahmen Nathans erfordert genaue Textarbeit. Das Textverständnis kann durch die Klärung folgender Fragen vorentlastet werden:

- Für wen verwendet Nathan die Umschreibung „wundersücht'ges Volk"?
- Worin besteht für Nathan die Gefahr bei Rechas Wunderglauben?

Mit der letzten Aufgabe wird der Bezug zwischen dem Drama und dem vorausgehenden Disput mit dem Hauptpastor Goeze (siehe auch KV „Der Fragmentenstreit", S. 13) hergestellt.

Lösung

Aufgabe 1

Nathan und Recha sind durch eine sehr enge Vater-Tochter-Beziehung verbunden. Nathans Glück ist abhängig von Rechas Wohlergehen („So hätte / Ich keines Hauses mehr bedurft.", S. 7; V. 21 / 22; „Töte mich", S. 8, V. 25). Er kennt sie sehr genau, kann ihre Reaktionen auf die Zurückweisung durch den Tempelherrn richtig vorhersehen (S. 11, V. 127 ff.). Nathan tritt Recha mit viel Respekt entgegen, er lässt Daja zunächst anfragen, ob seine Tochter bereit ist, ihn zu sehen (S. 12, V. 154 ff.). Recha scheint geradezu telepathisch mit Nathan verbunden zu sein. Selbst im Schlaf fühlt sie seine Rückkehr (S. 13, V. 170 ff.).

Aufgabe 2

Recha: „Gott hat mir einen Engel geschickt, um mich aus dem Feuer zu retten. Ich habe den Engel mit eigenen Augen gesehen." (S. 13, V. 189–198.; S. 14, V. 205–210)

Nathan: „Du wurdest von einem Tempelherrn gerettet, der nach seiner Begnadigung durch Saladin gerade in der Nähe war. Die Verkettung all dieser unwahrscheinlichen, aber dennoch denkbaren Umstände ist das eigentliche Wunder, hier hatte Gott seine Hand im Spiel." (S. 16, V. 271 – S. 17, V. 317)

Aufgabe 3

pädagogische/sprachliche Mittel	Belegstellen (Versangaben)	(beabsichtigte) Wirkung
Lob als Ausdruck der Anerkennung für Recha	198–200	Nathan sichert sich Rechas Gewogenheit auf der Beziehungsebene (Lächeln).
teilweise Bestätigung von Rechas Sichtweise	201–204; 210–213	Recha fühlt sich verstanden und ist bereit, weiter zuzuhören („Das hör ich gern").
Kritik durch eine Aneinanderreihung rhetorischer Fragen	213–224; 227–236	Nathan fordert Recha zum Mitdenken auf.
Aufforderung an Daja, die Zusammenhänge darzustellen	243–246	Seine Aussagen erscheinen weniger subjektiv, wenn sogar die „Opposition" seine Argumente stützen muss.
Hinterfragen von Dajas Sichtweise durch eine Aneinanderreihung rhetorischer Fragen	256–269	Nathan belegt indirekt seine Position, fordert Recha dazu auf, Dajas Meinung zu hinterfragen.
Darlegung der eigenen Argumentation: Anführen der Topfmetapher dreimalige Nachfrage („Nicht wahr?") Verwenden von Aufzählungen Verwenden von Parallelismen innerhalb der Aufzählungen	270–317 293–296 302; 306; 317 308–310; 313–317 308–310; 315–317	Nathan bietet eine Alternative: Veranschaulichung Rückversicherung Bekräftigung (der rhetorischen Frage, der Aussage) Eindringlichkeit der Aussagen
Entwerfen eines möglichen Szenarios: Erkrankung und bevorstehender Tod des Tempelherrn als logische Erklärung für sein Fernbleiben	325–330; 333–352	Appell an Rechas Mitgefühl und Verantwortungsbewusstsein
Formulieren der Lehre	353–364	Das Vorangehende wird auf den Punkt gebracht und im Bewusstsein verankert.

Aufgabe 4
Die Christen („der Topf") glauben gerne an Wunder, in denen Gott sie aus schwierigen Situationen errettet („will mit einer silbern Zange / Gern aus der Glut gehoben sein"), denn das gibt ihnen das Gefühl, die einzig wahre und von Gott auserwählte Religion zu sein („um selbst / Ein Topf von Silber sich zu dünken"). Lessing kritisiert mit dieser Stelle den Wahrheitsanspruch der christlichen Offenbarungsreligion: Goeze sah das Christentum durch die in der Bibel beschriebenen Wunder als wahre Religion bestätigt. Lessing dagegen begegnete den Wundererzählungen mit Vernunft und zweifelte daran, dass diese Bibelpassagen wörtlich zu nehmen seien.

Weiterführende Anregungen

- Um Recha zur Einsicht zu bringen, entwirft Nathan schließlich die negative Vision von einer schweren Erkrankung des Tempelherrn. Die Schüler beurteilen dieses Vorgehen nach pädagogischen Maßstäben. Würden sie bei ihrem eigenen Kind so verfahren? (Pro: Das Vorgehen zeigt Wirkung. – Kontra: Die Methode ist wenig einfühlsam, zumal Nathan das Szenario trotz Rechas Entsetzen weiter ausgestaltet.)
- Die Schüler arbeiten die Parallelen zu den beiden anderen großen Erziehungsdialogen heraus (Nathan → Tempelherr, II, 5; Nathan → Saladin, III, 7). (Nathan vertraut als typischer „Aufklärer" in allen drei Fällen darauf, dass seine Gesprächspartner zu vernünftigem Denken, Mitleiden und Humanität fähig sind. Er zeigt sich als kluger Pädagoge und erreicht jeweils nach anfänglicher Meinungsverschiedenheit sein Ziel: Alle drei Personen lassen sich von seiner Humanitätsidee überzeugen.)
- Friedrich Schiller strich den Erziehungsdialog zwischen Nathan und Recha in seiner Bearbeitung des Stückes, die 1801 in Weimar uraufgeführt wurde. Die Schüler stellen – unter Berücksichtigung ihrer Kenntnis des Dramas und dessen Entstehungsgeschichte – Vermutungen darüber an, was ihn dazu bewogen haben könnte. (Aufbau des Stückes: Unterbrechung des Spannungsbogens durch einen theoretischen Disput; evtl. auch Abmilderung der Kritik am christlichen Glauben, die auch gut zwanzig Jahre nach dem Verfassen des „Nathan" noch nicht erwünscht war.)
- Die Schüler informieren sich über die Bedeutung der aristotelischen Begriffe „Eleos", „Phobos" und „Katharsis", mit denen sich auch Lessing im 74. bis 79. Stück seiner „Hamburgischen Dramaturgie" befasst. Anschließend stellen sie einen Bezug zu Rechas Erkenntnisprozess in Szene I, 2 her. (Mithilfe von Furcht und Schrecken vor den auf der Bühne dargestellten Ereignissen (Phobos) und Mitleiden mit den Figuren auf der Bühne (Eleos) soll der Zuschauer geläutert und gereinigt werden (Katharsis). In dieser Szene wird Recha durch Nathans Vision vom kranken Tempelherrn von ihrem Wunderglauben und ihrem passiven Verhalten geheilt. Ebenso wird der Zuschauer auf diesem Wege zur Läuterung geführt.)

Zur Kopiervorlage Seite 38: VORURTEILEN KEINE CHANCE!

Die Auseinandersetzung zwischen Nathan und dem Tempelherrn in II, 5 ist der zweite der drei wichtigen Erziehungsdialoge des Dramas. Nachdem zunächst Recha davon überzeugt werden konnte, ihre Engelsschwärmerei und den Glauben an Wunder durch den Einsatz ihrer Vernunft zu überwinden, widmet sich Nathan nun einem jungen Mann. Dieser ist in seiner Entwicklung eine Stufe höher einzuordnen als Recha, die jünger und weiblichen Geschlechts ist – zu Lessings Zeit waren Frauen nur selten emanzipiert und unabhängig.

Nathans Verhalten und Vorgehen tragen dazu bei, dass der Tempelherr im Laufe des Gesprächs seine Vorurteile überwindet: Aus dessen anfänglicher Ablehnung gegenüber dem reichen Juden Nathan wird Freundschaft. Diese neu gewonnene Haltung erfährt jedoch im Verlauf des Dramas noch einige Rückschläge, bis es zum Zusammenwachsen der großen Menschheitsfamilie in der Schlussszene kommt, in der auch der Tempelherr seinen Platz findet (siehe KV „Zwischen den Fronten", S. 39).

Mithilfe einer grafischen Darstellung verdeutlichen sich die Schüler Struktur und Inhalte des Gesprächs sowie Absichten und Verhaltensweisen der beiden Gesprächspartner.

Lösung

V. 1191–1246: Gesprächseröffnung / Ablehnung Nathans aufgrund von Vorurteilen

- Nathan: [...] Ich möchte ihm meine Dankbarkeit beweisen. – Auf diese Art [...]: Ich verhalte mich höflich und freundlich, lasse mich nicht abwimmeln oder provozieren. Ich glaube an das Gute im Tempelherrn.
- Tempelherr: [...] Ich möchte ihn gerne abwimmeln. – Auf diese Art [...]: Ich verhalte mich unfreundlich und abweisend, bin kurz angebunden, beleidige ihn (als „Juden").

V. 1246–1270: Aufbauen einer emotionalen Verbindung / Nathans Sieg auf der Beziehungsebene

- Nathan: Meine Aktion: Ich bitte den Tempelherrn, den Brandfleck küssen zu dürfen, und lasse eine Träne darauf fallen. – Grund: Meine Gefühle gewinnen die Oberhand. / Ich möchte den Tempelherrn auf der emotionalen Ebene erreichen.
- Tempelherr: Meine Reaktion: Ich bin verwirrt und betreten. – Grund: Nathans Verhalten entspricht nicht meinen Erwartungen. Ich sehe plötzlich den Menschen in ihm, nicht mehr nur „den Juden".

V. 1271–1304: Argumentation / sachlicher Austausch über die eigenen Menschenbilder

- Nathan: Meine Meinung: In allen menschlichen Gruppierungen (unabhängig von Zugehörigkeit zu einer bestimmten Nation, Rasse, Religion oder gesellschaftlichem Stand) gibt es gute Menschen. Niemand sollte sich als etwas Besseres fühlen.
- Tempelherr: Meine Meinung: Juden, Christen und Muslime glauben, die einzig wahre Religion zu besitzen. Daraus ergibt sich nur Unfrieden (z. B. die Kreuzzüge).

V. 1304–1326: Konsens / Entdecken von gemeinsamen Werten
Hierin stimmen wir überein: Die Zugehörigkeit zu einer sozialen Gruppe ist Zufall bzw. historisch bedingt. Es kommt nur auf humanes Handeln an.

→ Ergebnis: Nathan und der Tempelherr werden Freunde. Der Tempelherr erklärt sich bereit, Recha zu treffen.

Weiterführende Anregungen

- Lassen Sie die Schüler das Ergebnis ihrer Kommunikationsanalyse mithilfe folgender Aufgabenstellung zusammenfassen: Beschreiben Sie, mit welchen Mitteln Nathan sein ursprüngliches Kommunikationsziel erreicht. (Folgende Ziele möchte Nathan im Gespräch mit dem Tempelherrn erreichen: den guten Kern unter der „bittern Schale" (V. 1197 f.) finden, den Tempelherrn für seine Ideale gewinnen und den Kreis der Gleichgesinnten erweitern. Die Kommunikation gelingt, da Nathan an das Gute im Menschen glaubt und infolge dieser positiven Grundhaltung dem Gesprächspartner auch Unfreundlichkeiten und Beleidigungen verzeiht. Er lässt sich nicht provozieren. Nathan begegnet den Vorurteilen, mit denen der Tempelherr ihm gegenübertritt, auf der Gefühlsebene. Indem er nach dem Mantel greift, überwindet er die Distanz, die der Tempelherr aufgebaut hat. Emotionalität hat der Tempelherr nicht erwartet, er reagiert verwirrt und akzeptiert Nathan als Mitmenschen. So spricht er Nathan ab diesem Zeitpunkt mit Namen an. Erst jetzt ist eine sachliche Diskussion möglich. Nathan veranschaulicht seine Überzeugung („Ich weiß") und seine Position mit einer Naturmetapher und begegnet den Argumenten des Tempelherrn mit Gegenargumenten. Als der Tempelherr kurz davor steht, die Diskussion als aussichtslos zu beenden, unterstreicht Nathan das Gemeinsame der beiden Positionen, sodass die Unterredung mit einem Konsens beendet werden kann. Nun ist auch der Weg für eine Freundschaft geebnet.)
- Anhand des folgenden Arbeitsauftrags kann der Bogen zu den Zielen der Aufklärung geschlagen werden: Erläutern Sie, inwiefern man beim Dialog zwischen Nathan und dem Tempelherrn von einem „Prozess der Aufklärung" sprechen kann. Beziehen Sie sich dabei auf Kants Text „Was ist Aufklärung?". („Habe Mut, dich deines eigenen Verstandes zu bedienen" ist laut Kant der Wahlspruch der Aufklärung. Vorurteile wie die, die der Tempelherr gegen Juden hegt, sind das Ergebnis von Abhängigkeiten, die durch sogenannte „Vormünder" geschaffen werden. Indem Nathan im Drama den Vorurteilen seines Gegenübers mit vernünftigen Argumenten begegnet, hilft er dem Tempelherrn, alte Denkmuster zu hinterfragen und sich aus der Abhängigkeit zu befreien. Denselben Effekt erhofft sich Lessing auch für die Zuschauer: Indem er die zur Aufklärungszeit aufkommende Kritik am Offenbarungsanspruch der Religionen auf der „Kanzel" des Theaters öffentlich vorträgt, kann auch das Publikum – wie von Kant gefordert – „langsam zur Aufklärung gelangen".)
- Im Anschluss an die Bearbeitung der Kopiervorlage setzen die Schüler das Gespräch zwischen Nathan und dem Tempelherrn (II, 5) szenisch um. Sie ergänzen den Dramentext um weitere Regieanweisungen (z. B. zu Gestik, Mimik, Stellung der Figuren, Bewegung im Raum, Requisiten, Lichtverhältnissen). Anschließend üben sie den Vortrag der Szene ein. Die Szenen werden aufgeführt oder z. B. mit einer Videokamera filmisch festgehalten. Die verschiedenen Umsetzungen können dann abschließend verglichen und besprochen werden.

Zur Kopiervorlage Seite 39: ZWISCHEN DEN FRONTEN

Auch wenn der titelgebende Nathan im Zentrum des Geschehens steht, ist der Tempelherr für viele die interessanteste Figur des Dramas. Als Mensch in einer Lebenskrise, der auf der Suche nach der Wahrheit und nach seinem Platz in der Gesellschaft immer wieder auch Rückschläge erleidet, ist er nicht durchgehend positiv gezeichnet: Einerseits setzt er für andere sein Leben aufs Spiel, entscheidet sich für die Liebe und lässt sich nicht für fremde Zwecke einnehmen, andererseits ist er von Vorurteilen behaftet, handelt oft unüberlegt und fällt immer wieder in scheinbar bereits überwundene Denkstrukturen zurück. Aber gerade diese Widersprüchlichkeit macht ihn zu einer Identifikationsfigur für den Leser bzw. Zuschauer.

Die Schüler beurteilen den Charakter des Tempelherrn zunächst persönlich. Im Anschluss an die Textarbeit, bei der sie die Fortschritte und Rückschläge des Tempelherrn auf der Suche nach seiner Position in der Gesellschaft nachzeichnen, wird ein Zusammenhang zwischen ihrer persönlichen Einschätzung der Figur des Tempelherrn und Lessings durch die Darstellung beabsichtigte Wirkung hergestellt.

Lösung

Aufgabe 1
Es ist zu erwarten, dass der Tempelherr eher als sehr sympathisch eingestuft wird (eine Voraussetzung für die Möglichkeit zur Identifikation, die von Lessing sicherlich intendiert war).

Aufgabe 2

a) Hauptsächlich lassen sich folgende Ereignisse als Belege heranziehen: Rechas Rettung (Vorgeschichte) und Ablehnung des Angebots, sich für die Ziele des Patriarchen einspannen zu lassen (I, 5), Begegnung mit Daja (I, 6). Für folgenden Eigenschaften lassen sich Belege finden: mutig, selbstlos, melancholisch, impulsiv, prinzipientreu, kämpferisch, vorurteilsbehaftet, orientierungslos, traurig, unfreundlich.

b) tolerant, vorurteilsfrei, optimistisch

Aufgabe 3

Textstelle	Zusammenfassung der Haltung des Tempelherrn	Rückschritt	Fortschritt
V. 2111–2159 (III, 8)	Ablegen alter Vorurteile (gegen andere Religionen) und Regeln (Keuschheitsgelübde); Entscheidung für die Liebe zu Recha	○	⊗
V. 2342–2372 (III, 10)	Entsetzen darüber, dass Nathan die Christin Recha im Glauben aufgezogen hat, eine Jüdin zu sein	⊗	○
V. 2473–2597 (IV, 2)	zunächst Gefährdung Nathans durch Aufsuchen des Patriarchen, dann Sieg der Vernunft → selbstständige Entscheidung gegen den Verrat	○	⊗
V. 2719–2782 (IV, 4)	Anzweifeln von Nathans früheren Aussagen, Unterstellung schlechter Absichten	⊗	○
V. 3227–3286 (V, 3)	selbstkritische Erkenntnis, dass Recha erst durch Nathans Erziehung zu der geworden ist, die er nun liebt; Eingeständnis, dass es ein Fehler war, zum Patriarchen zu gehen	○	⊗
V. 3705–3758 (V, 8)	gekränkte Eitelkeit (Recha liebt ihn offensichtlich nicht) → Vorwurf, Nathan habe den angekündigten Bruder nur erfunden	⊗	○
V. 3794–3806 (V, 8)	freudige Akzeptanz der Zugehörigkeit zur neuen „Menschheitsfamilie“	○	⊗

→ Die Zickzacklinie veranschaulicht, wie der Tempelherr (als junger, leidenschaftlicher, impulsiver Mensch) auch nach dem Gespräch mit Nathan (II, 5) stets in sein von Vorurteilen und Zweifeln geprägtes Denken zurückfällt. Obwohl er keine idealisierte Figur ist, findet er am Ende den Weg zu seinem Platz in der Gesellschaft – als Teil der großen neuen Menschheitsfamilie, der Menschen aller Religionen angehören.

Aufgabe 4

Der Tempelherr ist, trotz aller Rückschläge, ein lernfähiger und lernwilliger Charakter, der auf der Suche nach Wahrheit und einer Gesellschaft ist, in der die Menschen unabhängig von ihrer Zugehörigkeit zu einer bestimmten Religion oder einer sozialen Gruppe ihren Platz finden. Die positiv besetzte Figur des Tempelherrn stellt somit ein Identifikationsangebot an den Zuschauer dar: Indem dieser die Denkprozesse nachvollzieht, die die Figur durchläuft, kann er am Ende ebenfalls zu einem aufgeklärten Denken gelangen.

Zu den Kopiervorlagen Seiten 40/41: DIE RINGPARABEL

Die Ringparabel ist in vielfacher Hinsicht das Kernstück des Dramas. Schon rein formal bildet das Gespräch als Teil des dritten Aufzugs den Höhepunkt. Alle Handlungsstränge sind um dieses „Geschichtchen“ herum angeordnet und so angelegt, dass sie die zentrale Forderung der Ringparabel nach Toleranz und Mitmenschlichkeit der drei großen Glaubensgemeinschaften Judentum, Christentum und Islam erfüllen.

Das Gespräch zwischen dem Sultan und Nathan ist das dritte der großen Erziehungsgespräche, die Nathan im aufklärerischen Sinne führt: Zunächst führt Nathan Recha, die noch als Kind gelten kann, zur Erkenntnis (siehe KV „Ein wahres Wunder?“, S. 37), anschließend den Tempelherrn, einen jungen Mann, der schon ein Stück seines Lebenswegs gegangen ist (siehe KV „Vorurteilen keine Chance!“, S. 38). Den Höhepunkt aber stellt das Gespräch mit dem reifen Herrscher Saladin dar. Ihn kann Nathan im Sinne der Aufklärung davon überzeugen, dass Toleranz gegenüber den anderen Religionsgemeinschaften und Mitmenschlichkeit das einzig richtige Verhalten ist.

In der Ringparabel fasst Lessing seine Religionsauffassung sowie seine Idealvorstellung von einem toleranten Miteinander pointiert zusammen und führt so den zuvor begonnenen philosophischen Diskurs fort, der ihm als Bibliothekar in Wolfenbüttel durch Zensur untersagt wurde (siehe KV „Der Fragmentenstreit“, S. 13).

Die Kopiervorlagen sind als Doppelseite angelegt: Mit Teil I (S. 40) wird der Inhalt der Szenen III, 5, III, 6 und III, 7 und somit die Bildebene der Parabel erarbeitet. Teil II (S. 41) trägt zu einem vertieften Verständnis bei. Die Parabel wird interpretiert und auf die Sachebene übertragen.

Es bietet sich an, die betreffenden Szenen mit verteilten Rollen lesen zu lassen, bevor die erste Kopiervorlage – im Plenum, in Einzel- oder Partnerarbeit – bearbeitet wird.

Möglicher Einstieg

Mit dem folgenden Rätsel greifen Sie die Vorgeschichte des Gesprächs zwischen dem Sultan und Nathan auf. Zusätzlich können Sie einen Eindruck von der Textsicherheit der Schüler gewinnen.

Kopieren Sie das Rätsel mit beiden Aufgabenstellungen auf Folie und projizieren Sie es an die Wand. Um die Besprechung der Vorgeschichte zeitlich zu begrenzen, können Sie auch einen kleinen Wettkampf daraus machen: Wer das Lösungswort zuerst weiß, darf es in den Raum rufen. Anschließend kann die Besprechung der Lösung im Plenum erfolgen.

Aufgaben:
1. Entscheiden Sie, ob die folgenden Aussagen richtig oder falsch sind. Übernehmen Sie den passenden Buchstaben aus der Tabelle.
2. Ordnen Sie die Lösungsbuchstaben in der richtigen Reihenfolge an, um den Grund zu erfahren, weshalb Nathan in den Palast gerufen wird.

Aussage	richtig	falsch
1. Al-Hafi fühlt sich geehrt, als Schatzmeister des Sultans arbeiten zu dürfen.	L	T
2. Al-Hafi behauptet dem Sultan gegenüber, dass Nathan geizig sei.	D	A
3. Al-Hafi kommt zu Nathan, um ihn zu bitten, dem Sultan Geld zu geben.	R	G
4. Al-Hafi fordert Nathan auf, mit ihm zusammen die Stadt zu verlassen.	O	S
5. Nathan ist enttäuscht von Al-Hafi, als sie sich trennen.	A	L
6. Der Sultan hat die Idee, Nathan um Geld für seine leeren Kassen zu bitten.	N	E
7. Nathan ist gespannt darauf, zu erfahren, weshalb der Sultan ihn in seinen Palast bittet.	I	N

(1. falsch; V. 1482 ff.: Er hasst es, im Auftrag des Sultans „betteln" zu müssen. – 2. richtig; V. 1052 ff.: Er behauptet dies, um Nathan zu schützen. – 3. falsch; V. 1443 ff.: Er kommt zu Nathan, um sich zu verabschieden. Er warnt Nathan, dass es Verschwendung wäre, wenn er dem Sultan Geld gäbe. – 4. richtig; V. 1494 ff.: Er bietet Nathan an, mit ihm an den Ganges zu ziehen. – 5. falsch; V. 1514 ff.: Er bezeichnet ihn sogar als „gut" und „edel". – 6. falsch; V. 1144 f.: Es ist Sittahs Idee. – 7. falsch; V. 1440 ff.: Al-Hafi hat es ihm bereits erzählt. Lösungswort: GELDNOT.)

Lösung Seite 40

III, 5: „Welche Religion ist deiner Meinung nach die wahre?" (V. 1840 f. und V. 1843 – 1854) – Hintergrund der Frage: Saladin will Nathan eine Falle stellen, um an sein Geld zu kommen. (V. 1736 – 1743)

III, 6: „Wenn ich mich zum Judentum als wahre Religion bekenne, dann beleidige ich meinen Herrscher und begebe mich so in Gefahr." – „Aber andererseits, wenn ich mich nicht zum Judentum bekenne, dann wird Saladin vielleicht von mir fordern, zum Islam überzutreten." (V. 1884 – 1888)
→ „Das ist die einzige Lösung: Ich verstecke meine Meinung hinter einem Märchen." (V. 1888 – 1890)

III, 7: 1. vor grauen Jahren (V. 1911) – 2. im Osten (V. 1911) – 3. ein Ring von unschätzbarem Wert (V. 1912) – 4. aus lieber Hand (V. 1913) – 5. ein Opal, der in hundert schönen Farben glänzte (V. 1913 f.) – 6. die Kraft, vor Gott und Menschen angenehm zu machen (V. 1915 f.) – 7. den Ring „in dieser Zuversicht" tragen (V. 1916 f.), d. h. an die Wirkung des Steins glauben – 8. Es werden zwei weitere Ringe angefertigt, die von dem ersten nicht zu unterscheiden sind. (V. 1945–1952) – 9. Jeder will der Fürst des Hauses sein. (V. 1960 f.) – 10. Der Richter kann die Wahrheit im Nachhinein nicht herausfinden. (V. 2010–2014) – 11. Die Söhne sollen die Situation so annehmen, wie sie ist. (V. 2031 f.) – 12. Sie sollen von nun an wieder an die Kraft des Steins glauben und durch Vorurteilslosigkeit, Nächstenliebe, Wohltätigkeit und den festen Glauben an Gott den Menschen und Gott gefallen. (V. 2041–2048)
→ Reaktion des Sultans: (gedacht) „Der Mann hat recht, ich muss verstummen." (V. 1991 f.); (ausgesprochen) „Sei mein Freund!" (V. 2060)

Lösung Seite 41

III, 5: Sein Vorhaben ist ihm zuwider, da dies nicht seine Art ist. (V. 1736–1746) – Wäre der Sultan weniger offen und schlösse die Möglichkeit aus, dass Nathan auch gut sein könnte (V. 1748–1750), so wäre er für Nathans Belehrung nicht empfänglich.

III, 6: Indem Nathan vorgibt, ein Märchen zu erzählen, verlegt er die Aussage in die fiktive Welt. Damit kann er seiner eigenen Meinung Ausdruck verleihen, ohne dass man ihn dafür bestrafen kann. – Lessing begann mit der Arbeit am Nathan, nachdem ihm ein Veröffentlichungsverbot für wissenschaftliche Streitgespräche auferlegt wurde (siehe KV „Der Fragmentenstreit", S. 13). Indem er seine religionskritischen Aussagen in die fiktive Welt eines Dramas verlegte, das in einem anderen Land zu einer anderen Zeit spielte, konnte er nicht dafür belangt werden.

III, 7: 1. unbekannter Zeitpunkt, der weit in der Vergangenheit liegt (märchenhafter Beginn) – 2. unbestimmte Ortsangabe; Osten = Himmelsrichtung, in der die Sonne aufgeht, d. h. Licht in die Welt kommt (zur Symbolik des Lichts zur Zeit der Aufklärung siehe KV „Was ist Aufklärung?", S. 18) – 3. eine natürliche Ur-Religion, die nicht an kirchliche Institutionen gebunden ist, deren Wert sehr hoch geschätzt wird – 4. von Gott geschenkte Fähigkeit – 5. viele verschiedene Ausgestaltungsmöglichkeiten, den Glauben zu leben, alle positiv beurteilt („schön") – 6. Wer den Glauben lebte, war sowohl bei den Menschen als auch bei Gott beliebt. – 7. Man muss an Gott glauben. – 8. Im Laufe der Zeit kristallisierten sich drei große Glaubensgemeinschaften heraus: Judentum, Christentum, Islam. Man ist der Religion durch Geburt oder Sozialisation zugehörig. – 9. Jede der drei Religionen behauptet, die einzig wahre zu sein. Als Konsequenz der Gewaltbereitschaft aller drei Glaubensgemeinschaften Glaubenskriege → Jeder der drei Söhne sagt, er werde die Verräter schon herauszufinden wissen. (V. 2006 f.) – 10. Das menschliche Wissen ist begrenzt, es ist dem Menschen nicht vergönnt, die absolute Wahrheit zu kennen. – 11. Die Vielfalt der Religionen soll akzeptiert und toleriert werden. 12. Man muss sich wieder auf die ursprünglichen Werte der Religion besinnen: Toleranz, Nächstenliebe, gute Taten, Mitmenschlichkeit, Güte, Gottvertrauen.
→ Reaktion des Sultans: Lessing nutzt das Drama als Medium der Aufklärung und sein „Geschichtchen" als erzieherisches Gespräch. Der Zuschauer soll durch die Ringparabel und die Diskussion zwischen Nathan und dem Sultan über den tatsächlich gemeinten Sachverhalt – ebenso wie der Sultan – dazu angeregt werden, seine Einstellung zu überdenken. Mit der Ringparabel fasst Lessing sein Religionsverständnis sowie sein Konzept von Toleranz und Nächstenliebe zusammen. Er führt hier den Diskurs fort, den er mit der Veröffent-

lichung der Fragmente begann (siehe KV „Der Fragmentenstreit“, S. 13).

Weiterführende Anregungen

- Die Schüler erörtern folgende Äußerung Lessings während des Fragmentenstreits: „Nicht die Wahrheit, in deren Besitz irgendein Mensch ist oder zu sein vermeinet, sondern die aufrichtige Mühe, die er angewandt hat, hinter die Wahrheit zu kommen, macht den Wert des Menschen. Denn nicht durch den Besitz, sondern durch die Nachforschung der Wahrheit erweitern sich seine Kräfte, worin allein seine immer wachsende Vollkommenheit bestehet. Der Besitz macht ruhig, träge, stolz. – Wenn Gott in seiner Rechten alle Wahrheit und in seiner Linken den einzigen immer regen Trieb nach Wahrheit, obschon mit dem Zusatze, mich immer und ewig zu irren, verschlossen hielte und spräche zu mir: wähle! Ich fiele ihm mit Demut in seine Linke und sagte: Vater gib! die reine Wahrheit ist ja doch nur für dich allein!“ (zit. nach Ehrhard Bahr (Hg.): Was ist Aufklärung? Thesen und Definitionen. Stuttgart 1974, S. 43.)
- Als Abschluss der Besprechung der Szene III, 7 wird folgende Aufgabenstellung als Hausaufgabe empfohlen, die eine sinnvolle Vorübung für eine Klausur ist: Ordnen Sie die Szene III, 7 schriftlich in den Gesamtzusammenhang ein. Berücksichtigen Sie dabei auch den Aufbau des Dramas.

Der historische Sultan Saladin

Als Vorlage für die literarische Figur des Saladin diente Lessing der islamische Herrscher Salah ad-Din (1138 – 1193), genannt Saladin. Der Sohn einer kurdischen Offiziersfamilie wurde in Tikrit im heutigen Irak geboren und war, wie bereits seine Vorfahren, ein erfolgreicher Feldherr. Nachdem er sein Herrschaftsterritorium in Syrien und Ägypten ab 1169 zunehmend ausgebaut hatte, konzentrierte er sich auf die Rückeroberung der Kreuzfahrerstaaten. 1187 nahm er Jerusalem ein, das nach 88 Jahren nun wieder unter islamischer Vorherrschaft stand. Anders als die Kreuzritter soll er sich der besiegten Bevölkerung gegenüber milde gezeigt und sie gegen ein Kopfgeld in die Freiheit entlassen haben. 1191 traf er auf König Richard Löwenherz, der den Dritten Kreuzzug anführte. Nach der Einnahme der Stadt Akkon durch die Engländer konzentrierten sich die Kampfhandlungen auf Jerusalem. 1192 kam es schließlich zu einem Waffenstillstand samt einem Abkommen zwischen den beiden Potentaten: Jerusalem blieb in islamischer Hand, doch christliche Pilger durften die heiligen Stätten weiterhin besuchen. Der Waffenstillstand sollte drei Jahre andauern, doch bereits 1193 starb Saladin in Damaskus.

Der ägyptische Sultan avancierte in der europäischen Geschichtsschreibung zum Inbegriff des „edlen Heiden“. Schon zur Zeit der Aufklärung, die den Einflüssen der orientalischen Kultur sehr aufgeschlossen und positiv gegenüberstand, kursierten idealisierende Beschreibungen der historischen Persönlichkeit. So betont z. B. Voltaire in seinem Essay „Geschichte der Kreuzzüge“ Saladins ausgeprägte Toleranz gegenüber anderen Religionen, wohingegen er die Christen als Barbaren darstellt. Diese Schilderung beeinflusste sicherlich Lessings Bild, da er Voltaires Text ins Deutsche übersetzte. Eine weitere Quelle, die dem Dramatiker zugänglich war, ist François Marins „Geschichte Saladins Sultans von Ägypten und Syrien“, in welcher der Mut, die Wohltätigkeit, Menschenliebe, Toleranz und Gerechtigkeit Saladins gepriesen werden.

Zur Kopiervorlage Seite 42: DER SULTAN SALADIN

Mit der vorliegenden Kopiervorlage nehmen die Schüler die Figur des Sultans genauer unter die Lupe: Zunächst untersuchen sie kurze Auszüge aus einer der Hauptquellen Lessings für die Figurenkonzeption, Marins „Geschichte Saladins Sultans von Ägypten und Syrien“, auf Gemeinsamkeiten mit bzw. Unterschiede zu Lessings Saladin. Anschließend ordnen sie der Figur vorgegebene Eigenschaften zu und belegen sie mithilfe geeigneter Textstellen (bis zu dem Gespräch mit Nathan in III, 5–7). Die Entwicklung, die der Sultan im Laufe dieses dritten großen Erziehungsdialogs durchmacht, soll schließlich in Form von Standbildern wiedergegeben werden. Es bietet sich an, diese arbeitsteilig erstellen zu lassen: Jede Gruppe verkörpert eine Erkenntnisstufe Saladins. Im Plenum werden die Ergebnisse verglichen und die Entwicklung des Sultans herausgearbeitet. Sollte viel Zeit zur Verfügung stehen, kann dieser Schritt auch bereits in den Kleingruppen erfolgen: Jede Gruppe erarbeitet dann alle Szenen und stellt im Plenum die Ergebnisse vor. Zusätzlich sollte bei dieser Vorgehensweise auf unterschiedliche Möglichkeiten der Darstellung eingegangen werden.

Lösung

Aufgabe 1

Übereinstimmungen: Freigebigkeit ohne Rücksicht auf die eigene Vermögenslage; Ausgleich der prekären Finanzlage durch den Schatzmeister (bzw. Sittah); Offenheit gegenüber anderen Religionen.

Unterschiede bzw. „Unterlassungen“: Saladin wird ausschließlich im privaten Rahmen gezeigt, sodass man über sein Kampfverhalten bzw. sein Führungsverhalten gegenüber den Truppen nichts erfährt. Jedoch deutet sein Verhalten gegenüber dem Feind (19 Tempelherren werden hingerichtet) nicht auf fehlende Schärfe oder Konsequenz hin. Die absolute Armut kurz vor Saladins Tod sowie seine enthaltsame Lebensweise (z. B. dürftige Kleidung) werden im Drama nicht berücksichtigt; so trifft z. B. gerade finanzieller Nachschub ein.

→ Lessing übernimmt grundsätzlich Saladins guten Charakter und lässt weg, was im Kontext des Dramas irrelevant wäre oder der Würde und Autorität der Figur zum Nachteil gereichen könnte.

Aufgabe 2

Saladin vereint widersprüchliche Charakterzüge in sich. Es lassen sich Belege für folgende Eigenschaften finden: fürsorglich (sucht einen guten Mann für seine Schwester, will dem Vater die Geldsorgen nehmen, gibt Bettlern Geld); grausam (lässt Kreuzritter hinrichten); sentimental (begnadigt den Tempelherrn, der ihn an seinen Bruder erinnert); freigebig (gibt den Armen, Sittah erhält Geld für gewonnene Schachspiele); klug (konnte Jerusalem erobern, spielt gerne Schach, andererseits: verliert gegen Sittah); naiv (muss von Al-Hafi und Sittah über die finanzielle Lage aufgeklärt werden); vorurteilsfrei (stellt den Derwisch Al-Hafi an); mächtig (konnte Jerusalem erobern, wartet auf Zahlungen aus weit entfernten Gegenden); willkürlich (Verschonung des Tempelritters aufgrund einer Ähnlichkeit mit seinem Bruder); genügsam (sagt, dass er nur „Kleid, Pferd und Schwert“ benötigt); friedliebend (wollte durch Verheiratung von Schwester und Bruder den Waffenstillstand verlängern); verschwenderisch (lässt Sittah regelmäßig Geld aus dem Staatshaushalt zukommen).

Nicht zutreffend sind folgende Begriffe: verwöhnt (ist eher bescheiden, begnügt sich mit wenig); informiert (weiß nichts von eigener Geldnot; hat noch nicht von Nathan gehört, der in Jerusalem sehr bekannt ist); aufbrausend (wirkt eher ausgeglichen und gemütlich); harmlos (lässt Tempelritter hinrichten).

→ Wie sein historisches Vorbild Salah ad-Din ist der Sultan ein erfolgreicher militärischer Befehlshaber, der Jerusalem erobern konnte. Er herrscht über ein großes Reich. Unbarmherzig lässt er gefangene Tempelritter hinrichten. Sein Handeln ist nicht immer berechenbar, wie seine unerwartete Begnadigung eines Tempelherrn zeigt. Im Moment plagen ihn akute Geldsorgen, und niemand weiß, wie er sich in diesem Falle verhalten wird. Dennoch wirkt der Sultan auf den Zuschauer bisher nicht bedrohlich. Dies liegt zum einen daran, dass er in seiner Privatsphäre gezeigt wird, beim Schachspiel und im Gespräch mit seiner Schwester und Al-Hafi. Was der Zuschauer von dem politischen Mann Saladin erfährt, ist eher positiv: Er hat Interesse an dauerhaftem Frieden, wie die Heiratspläne für seine Schwester und seinen Bruder zeigen. Aus sentimentaler Erinnerung an seinen Bruder begnadigt er einen Tempelherrn. Er erscheint als sympathischer, gemütlicher Mensch.

Aufgabe 3

Prinzipiell wird der Hauptunterschied in dem Abstand der Figuren zueinander sowie der Mimik und Haltung des Sultans liegen. Denkbar sind folgende Realisierungen:

a) Sittah und Saladin wie in einem vertraulichen Gespräch einander zugewandt: abschätziger Blick und überhebliche Körperhaltung Sittahs; skeptischer Blick des Sultans; Körperhaltung, die sein Unwohlsein ausdrückt.
b) Nathan und der Sultan stehen einander möglicherweise mit etwas größerem Abstand gegenüber; die Absichten des Sultans lassen sich durch einen hinterhältigen Blick darstellen, seine übergeordnete Position durch befehlende, überhebliche Körperhaltung und Gestik; Nathans Mimik und Gestik sollten eher Bescheidenheit ausdrücken.
c) größere räumliche Nähe der Figuren; befehlende Geste, aber offener Blick des Sultans; zugewandte Geste Nathans
d) weiterhin räumliche Nähe; Abwendung des Sultans; Mimik, die betroffene Erkenntnis ausdrückt; erwartungsvolle, abwartende Haltung und Mimik Nathans.
e) räumliche Nähe; Nathan und Saladin sind einander zugewandt; Nathans Körperhaltung und Gestik sollten ausdrücken, dass er die Lehre seiner Geschichte zusammenfasst; weiterhin erwartungsvolle, eindringliche Mimik (Wird der Sultan die Lehre annehmen?); bescheidene Haltung, demütiger Blick des Sultans.
f) große räumliche Nähe; Saladin liegt Nathan zu Füßen bzw. fasst seine Hand; beide haben Blickkontakt.

Weiterführende Anregung

Geben Sie den Schülern, z. B. als Hausaufgabe, folgenden Arbeitsauftrag: Eine wichtige Beraterin des Sultans ist seine Schwester Sittah. Charakterisieren Sie Sittah. Erscheint sie eher als Privatperson oder als Machthabende? (Die Schwester des Sultans kennt im Gegensatz zu Saladin die prekäre finanzielle Situation und ist durch Gespräche mit anderen – wie z. B. Al-Hafi – informiert über wichtige Vorgänge und Personen in Jerusalem. Ganz die Schwester ihres Bruders, ist sie nicht interessiert an persönlichem Besitz. Sie unterstützt Saladin ohne dessen Wissen finanziell mit ihrem persönlichen Vermögen. Dennoch hat sie auch negative Züge: Sie kennt die Instrumente des Machthabenden und ist bereit, diese skrupellos und berechnend einzusetzen. So ist es ihre Idee, den reichen Juden Nathan in den Palast zu bestellen, um ihm dort eine Falle zu stellen. Dank ihrer Überzeugungskraft gelingt es ihr, ihren Bruder zu einem Verhalten zu bewegen, das ihm eigentlich widerstrebt. Sie kann ihr Vorhaben selbst sehr realistisch als „Anschlag“ einschätzen. Recha beschreibt Sittah als „unverkünstelt“ (V. 3546) und hebt ihre „kalte, ruhige Vernunft“ (V. 3564 f.) hervor.)

■ Zur Kopiervorlage Seite 43: VORHANG AUF FÜR SALADIN!

Im Anschluss an die Charakterisierung des Sultans (KV S. 42) werden anhand zweier Szenenfotos aus den Jahren 1945 und 2008 unterschiedliche Möglichkeiten der Inszenierung einer Figur aufgezeigt. Die Schüler vergleichen die beiden Darstellungen und bringen dabei auch ihre eigene Vorstellung mit ein. Daran schließen sich Überlegungen zu Merkmalen traditioneller und moderner Figureninszenierung an. Gegebenenfalls bietet sich auch eine Diskussion über Vor- und Nachteile des modernen Theaters an. In diesem Zusammenhang können die Schüler wahrscheinlich auch schon auf eigene Erfahrungen als Zuschauer zurückgreifen.

Möglicher Einstieg

Um bei den Schülern eine Erwartungshaltung zu wecken, können Sie sie vor Einsatz der Kopiervorlage selbst als Regisseure tätig werden lassen. Je nachdem, wie viel Zeit Ihnen für diese Aufgabe zur Verfügung steht, kann sie im Unterrichtsgespräch, in Einzel- oder Gruppenarbeit erfolgen. Eine Präsentation der Ergebnisse ist z. B. auch in Form von Skizzen oder Collagen denkbar. Folgender Arbeitsauftrag kann Ihre Schüler bei dieser Aufgabe unterstützen: Stellen Sie sich vor, Sie sind Regisseur an einem Schauspielhaus. Welche Eigenschaften des Sultans würden Sie betonen wollen, mit welchen Mitteln? Es kann sinnvoll sein, Merkmale und Requisiten vorzugeben, um die Diskussion anzuregen:

- Alter: eher alt, eher jung?
- Körperbau: muskulös, hager, übergewichtig ...?
- Kostüm: bunter Mantel mit abendländischem Muster, weißer Anzug, Turban, Tigerfelljacke, Militärkleidung, Trainingshose und T-Shirt, Jeans und Hemd ...?
- Requisiten: dicke Goldkette, Brille, Zigarre, Maschinengewehr ...?

Lösung

Aufgabe 1

Inszenierung von 1945: Saladin ist eher traditionell dargestellt. So trägt er einen Turban und ein orientalisch wirkendes Gewand, dessen Knöpfe und Kragen daran erinnern, dass es sich trotz der privaten Situation des Schachspiels um einen Militärbefehlshaber handelt. Dieser Eindruck wird durch die Darstellung Sittahs und die orientalischen Elemente der Umgebung unterstrichen. Saladin wird als Mann in mittleren Jahren gezeigt, der – entsprechend seiner Funktion – ernst und würdevoll wirkt. Der kleine Kinn- und Schnurrbart und auch der Gesichtsausdruck tragen dazu bei.

Inszenierung von 2008: Hier handelt es sich um eine typisch moderne Darstellung mit traditionellen Elementen, die eher symbolisch eingesetzt werden. Sittah trägt ein modernes, eng anliegendes schwarzes Oberteil mit vielen Reißverschlüssen, als Kopfbedeckung einen roten Schleier mit eher traditionell wirkendem Kopfschmuck. Saladin trägt unter seinem Anzug im olivgrün-braunen „Armeelook" ein braunes Sweatshirt, darüber Teile einer traditionellen Ritterrüstung (Handschuh und Panzer). (Die Farbgebung, die auf der Schwarz-Weiß-Abbildung nicht zu erkennen ist, können Sie eventuell ergänzend an die Schüler weitergeben.)

Aufgabe 3

Die Gegenüberstellung der beiden Inszenierungen verdeutlicht eine Tendenz, die man heute in vielen Aufführungen beobachten kann: Die Figur wird nicht mehr möglichst realistisch und historisch korrekt abgebildet, vielmehr geht es um eine optische Interpretation.

Zur Kopiervorlage Seite 44: EIN DRAMA IM DRAMA

Nachdem die Schüler die inhaltliche Bedeutung der Ringparabel erfasst haben, setzen sie sich mit deren Struktur auseinander. Vorab sollte sichergestellt werden, dass der typische Aufbau des klassischen Dramas allen Schülern bekannt ist. Zur Wiederholung kann z. B. die Kopiervorlage „Handlungsübersicht und Struktur" (S. 33) dienen.

Lösung

Aufgabe 1

	Abschnitte	Verse	Inhalt
I	Exposition	1911–1928	Benennen von Ort und Zeit der Handlung, Beschreibung des Rings und seiner Wirkung
II	steigende Handlung	1929–1955	Problem des Vaters und dessen Lösung → drei gleich aussehende Ringe
III	Peripetie	1957–1992	Übertragung der Bild- auf die Sachebene: Ringe entsprechen den drei Religionen
IV	fallende Handlung	1992–2028	Fortführung der Geschichte: Streit der Söhne, der vor dem Richter endet
V	Lösung	2029–2054	Rat des Richters; Aufforderung zu aktiver Menschenliebe

Aufgabe 2

An den Gelenkstellen zwischen den einzelnen Dramenabschnitten wird der Sultan direkt angesprochen bzw. kommt zu Wort. Nach Exposition, steigender Handlung und Peripetie vergewissert sich Nathan jeweils des Verständnisses seines Zuhörers: „Versteh mich, Sultan", V. 1928; „Du hörst doch, Sultan?", V. 1955; „Nicht?", V. 1990. Zwischen fallender Handlung und Lösung kommentiert der Begreifende den Fortgang der Geschichte: „Herrlich! herrlich", V. 2028.

Aufgabe 3

Indem Lessing die zentrale Ringparabel nach dem Muster des klassischen Dramas aufbaut, möchte er erreichen, dass der Zuschauer seiner Lehre ebenso folgt wie Nathans Gesprächspartner: Zunächst wird das Interesse an der Thematik geweckt (Exposition), anschließend die Aufmerksamkeit durch zunehmende Spannung verstärkt (steigende Handlung), durch das Benennen der Sachebene Erkenntnis bewirkt (Peripetie), auf die Lösung vorbereitet (fallende Handlung) und schließlich eine umsetzbare Lösung für den Konflikt geboten (Lösung).

Zu den Kopiervorlagen Seiten 45/46: DIE RINGPARABEL BEI BOCCACCIO

Die vorliegenden Kopiervorlagen bilden den Abschluss der Beschäftigung mit der Ringparabel: Über einen Vergleich mit der direkten literarischen Vorlage für Nathans „Geschichtchen", Boccaccios „Decamerone", werden die zuvor erarbeiteten inhaltlichen (siehe KV S. 40/41) und strukturellen (siehe KV S. 44) Besonderheiten auf den Punkt gebracht. Die Frage nach der Aktualität der zentralen Botschaft der Parabel stellt den Bezug zur Lebenswelt der Schüler her (siehe hierzu auch KV „Toleranz heute?", S. 48/49).

Lösung Seite 45
Aufgabe 1

	Boccaccio	Lessing
Absicht des Sultans	mithilfe des reichen Juden die eigene Geldnot lindern	mithilfe des reichen Juden die eigene Geldnot lindern
Charakter des Juden	reicher und geiziger Wucherer; klug genug, um die Falle zu erkennen	reicher, aber freigebiger Mann; weise
Auslöser für das Gespräch	Frage nach der wahren Religion als Falle	Frage nach der wahren Religion als Falle
Gesprächsabschnitte	Gesprächseröffnung – Bildebene – Übertragung auf die Sachebene	Gesprächseröffnung – Bildebene – Übertragung auf die Sachebene – Weiterführung der Geschichte (Streit, Rat des Richters, Verweis auf die Zukunft)
besonderer Wert des Rings	Träger des Rings ist der Erbe und soll als der Vornehmste geehrt werden (Ring bedeutet Besitz und Ehre).	Tragen des Rings beinhaltet die Möglichkeit, sich bei Gott und den Menschen beliebt zu machen (Besitz des Rings hat eine Aufgabe zur Folge).
Beziehung zwischen Bild- und Sachebene der Parabel	drei Ringe entsprechen den drei Religionen Judentum, Christentum, Islam	drei Ringe entsprechen den drei Religionen Judentum, Christentum, Islam
Beziehung Sultan – Jude nach dem Gespräch	Freundschaft	Freundschaft
Aussage der erzählten Geschichte	Es kann noch nicht entschieden werden, welche Religion die wahre ist.	Aufforderung zu mehr Toleranz, Mitmenschlichkeit, Zuversicht

Lösung Seite 46
Aufgabe 2
Lessing weicht zum einen in der Zeichnung des Charakters des Juden von der Vorlage ab: Indem er Nathan als durch und durch gut und weise schildert, wird dessen Vorbildcharakter unterstrichen. Noch zentraler ist aber die Ergänzung der Richterepisode, in der Lessings zentrale Aussage des Dramas, die Forderung nach einer gelebten Religion, zum Ausdruck kommt. Dadurch dass sich diese an die Erläuterung der Sachebene anschließt, ist der Zuschauer in den Erkenntnisprozess eingebunden.

Aufgabe 3
Die Frage nach der „wahren" Religion ist auch heute noch von großer Bedeutung. So gibt es in jeder der drei großen monotheistischen Religionen orthodoxe Gruppierungen, die ihren Glauben für den einzig richtigen halten und auf diese Weise Gewalt gegen Menschen anderen Glaubens rechtfertigen. Als extremes Beispiel sind die Talibanschulen zu nennen, die explizit zum „Heiligen Krieg" gegen die „Ungläubigen" aufrufen.

Zur Kopiervorlage Seite 47: GEGEN DEN DOGMATISMUS

Nathan gelingt es nicht, alle Figuren des Dramas in seine große Menschheitsfamilie einzubinden: Daja kann trotz ihrer positiven Erfahrungen mit dem Juden Nathan nicht von ihrem dogmatischen Glaubenseifer abweichen und wird aus diesem Grund zur Verräterin. Der Patriarch wird als intriganter, unmenschlicher Vertreter kirchlicher Machtpolitik charakterisiert, der ein Kind lieber umkommen ließe, als es in einem „falschen" Glauben erziehen zu lassen.

Die Schüler fassen zunächst Nathans Lehre mit eigenen Worten zusammen. Anschließend untersuchen sie anhand der vorgegebenen Textstellen die Argumente der beiden Vertreter des Dogmatismus, die diesen Idealen entgegenwirken. Schließlich sollen sie anhand vorgegebener Thesen über Lessings Darstellungsabsicht zu einer begründeten Einschätzung der Bedeutung dieser beiden Figuren für das Drama gelangen. Dabei sollten auch die im Laufe der Unterrichtsreihe erarbeiteten Hintergrundinformationen (z. B. über die Entstehungsgeschichte und den historischen Hintergrund) berücksichtigt werden.

Lösung
Aufgabe 1
Meine Vernunft sagt mir, dass sich keine der drei Religionen über die anderen erheben darf. – Es kommt darauf an, dass die Menschen einander mit Toleranz und Achtung begegnen. – Mein Traum ist, dass die Menschen aller Religionsgemeinschaften zu einer großen Familie zusammenwachsen.

Aufgabe 2
Dajas Einstellung:
- Es gibt Unterschiede zwischen den Religionen.
- Christen sollten unter ihresgleichen aufwachsen.
- Nathan sündigt, indem er Recha als Tochter aufzieht.

→ Recha und ich müssen aus dieser Situation gerettet werden.

Die Einstellung des Patriarchen:

- Indem der Jude das Kind nicht im Sinne seiner Herkunft erzogen hat, hat er ihm Gewalt angetan.
- Es ist besser, zu sterben, als nicht als Christ erzogen zu werden.
- Der Jude hat sich in Gottes Werk eingemischt, indem er das Kind gerettet hat.
- Eine Erziehung im Sinne der Vernunft ist auch gefährlich für den Staat, weil dann keine Gesetze mehr beachtet werden.

→ Der Jude muss verbrannt werden.

Aufgabe 3

zu 1.: Auch wenn die beiden negativ charakterisierten Figuren Christen sind, wird nicht ihr Glaube kritisiert (das stünde dem Toleranzgedanken, der im Drama vermittelt werden soll, entgegen), sondern lediglich ihr Dogmatismus bzw. die Machtstrukturen der christlichen Kirche. Mit dem Klosterbruder und auch dem Tempelherrn werden positive Gegenbeispiele gegeben.

zu 2.: Unschwer sind Parallelen zwischen dem Patriarchen und Goeze zu erkennen: Goeze vertrat die Ansicht, dass Aussagen der Kirche und der Wahrheitsgehalt der Bibel nicht mit Vernunft hinterfragt werden dürften. Auch er wich dogmatisch nicht von seiner eigenen Meinung ab. Außerdem war er – ebenso wie der Patriarch – intolerant anderen Religionen gegenüber. Auch die Ankündigung des Patriarchen, den Sultan als politischen Machthaber einschalten zu wollen, erinnert an Goezes Verhalten, der sich an den Herzog von Braunschweig wandte und so für Lessing die Zensur bewirkte.

zu 3.: Zur Zeit Lessings waren die Juden (nicht nur) in Preußen eine geduldete und verfolgte Minderheit. So erließ z. B. Papst Pius VI. 1775 sein „Edikt über die Juden“, in dem die Juden wegen ihrer Religion isoliert und diskriminiert werden. Der Orient wurde im 18. Jahrhundert eher positiv gesehen. So erscheint es logisch, dass Lessing die intoleranten Denkstrukturen des Christentums anklagt, zu dem auch seine Zuschauer gehören.

zu 4.: Die beiden Figuren stehen exemplarisch für Menschen, die dogmatisch am eigenen Glauben festhalten. Darüber hinaus hat Lessing sicherlich nicht zufällig den christlichen Glauben ausgewählt, sondern wollte Kritik an den Machtstrukturen der christlichen Kirche üben (s. o.).

zu 5.: Lessings Ideendrama ist eine literarische Fortführung einer religionstheoretischen Auseinandersetzung. Ebenso wie z. B. Nathans Erziehungsdialoge im positiven Sinne zielt auch die negative Zeichnung der dogmatischen Figuren darauf ab, den Zuschauern vor Augen zu führen, welche Haltung sie nicht einnehmen sollten. Darauf deuten u. a. die Einfachheit der Argumentation beider Figuren sowie die überzeichnete Darstellung des Patriarchen hin.

Zu den Kopiervorlagen Seiten 48/49: TOLERANZ HEUTE?

Obwohl die Geschichte der Toleranzidee bis ins 16. Jahrhundert zurückreicht und Lessings Drama seit nunmehr 240 Jahren Verbreitung findet, erschweren auch noch heute religiöse Vorbehalte das Miteinander zwischen Angehörigen verschiedener Glaubensrichtungen. Seit dem 11. September 2001 mehren sich Diskriminierung und Gewalttaten, die religiös motiviert sind. Mit den Kopiervorlagen „Toleranz heute?“ soll einer weiteren Verfestigung von undifferenzierten Fremdbildern entgegengewirkt werden.

Das erste Arbeitsblatt (S. 48) bietet einen Überblick über Ereignisse, die von Intoleranz bzw. religiösem Fanatismus zeugen. Die Schüler beschreiben zunächst die Entwicklung, die sich anhand der aufgelisteten Ereignisse aufzeigen lässt. Anschließend sollen sie Argumente dafür finden, warum man Lessings Drama trotz der fehlenden Wirkung seiner Lehren auch heute noch lesen sollte. Bewusst wird den Schülern nicht die Möglichkeit gegeben, sich gegen ein Lesen des Dramas im Unterricht auszusprechen. Denn nicht das Desinteresse an „Klassikern“ sollte im Fokus stehen, sondern die Chancen, die eine Auseinandersetzung mit älterer Literatur bietet.

Der Zeitungsartikel „Sie sagten, ich hätte Schuld an dem, was passiert war“ (KV S. 49) thematisiert die feindliche Haltung gegenüber dem Islam in Teilen der US-amerikanischen Gesellschaft. Im Zuge der Anschläge vom 11. September ist in den USA, die als Einwanderungsgesellschaft stets für Glaubensfreiheit und Pluralismus standen, eine islamophobe Stimmung entstanden, die mitunter in diffamierenden und aufrührerischen Aktionen Ausdruck fand. Einen ersten Eindruck von dieser Situation vermittelt der Artikel. Die Schüler fassen den Text zunächst mit eigenen Worten zusammen. Anschließend erarbeiten sie Maßnahmen und Argumente, die dazu beitragen können, gängige Vorurteile zu überwinden. Wenn der zeitliche Rahmen es zulässt, kann auch eine Diskussionsrunde zum Thema „Islamophobie“ durchgeführt werden (siehe weiterführende Anregung).

Möglicher Einstieg

Beginnen Sie den Unterricht, indem Sie folgende Aussage vorlesen oder an der Tafel notieren: „Heute werden Religions- und Meinungsfreiheit in den meisten Verfassungen garantiert, daher gibt es keine Vorurteile mehr gegenüber Menschen anderer Religionszugehörigkeiten. Nathans Traum von einem harmonischen Miteinander der Menschheitsfamilie ist in Erfüllung gegangen.“ – Befragen Sie Ihre Schüler zum Wahrheitsgehalt dieser Aussage. Sicherlich werden ihnen einige Ereignisse aus jüngster Zeit einfallen, die diese These widerlegen. Die Liste der schwerwiegenden Vorkommnisse mit rassistischem und/oder religiösem Hintergrund ist lang, wie die Chronologie auf dem Arbeitsblatt ausschnitthaft zeigt.

Lösung Seite 48

Aufgabe 1

Die von fundamentalistischen Islamisten ausgehenden Drohungen und Gewalttaten rufen vermehrt Reaktionen hervor, die die Religionsfreiheit in Europa lebender Muslime einschränken oder einzuschränken versuchen. Dabei reicht die Bandbreite von Gesetzesbeschlüssen auf nationaler Ebene bis hin zu fanatischen Aktionen rechtsextremer Gruppierungen und Einzeltäter.

Aufgabe 2

„Nein, das Drama sollte weiterhin gelesen werden, weil …

- es als historisches Zeugnis aufzeigt, dass Konflikte zwischen Andersgläubigen eine Konstante darstellen, jedoch auch bereits seit Jahrhunderten Menschen existieren, die sich für ein friedliches Mit- und Nebeneinander der Religionen einsetzen."
- es ein Bewusstsein dafür schafft, dass Kunst nicht losgelöst von dem sozialgeschichtlichen Hintergrund gesehen werden darf. So konnte Lessing mit seinem ‚Nathan' das fürstliche Schreibverbot umgehen und auf indirektem Weg seine aufklärerischen Ideen verbreiten. Das Drama kann somit als Beispiel für politisch engagierte Literatur betrachtet werden."
- es einen wichtigen Gegenpol zu der in unserer Gesellschaft sehr präsenten Islamophobie darstellt."
- das Ende des Dramas einen Ausblick auf eine Welt ohne Vorurteile und voller Menschlichkeit gibt und dazu aufruft, nach diesen Idealen zu streben. Selbst wenn sich solche Idealbilder wohl nie voll und ganz umsetzen lassen, sind sie wichtig, um uns Kraft zu verleihen und die Richtung unserer Bemühungen vorzugeben."

Lösung Seite 49

Aufgabe 1

Die Anschläge vom 11. September 2001 verstärkten die Diskriminierung der dreieinhalb Millionen Muslime in Amerika. Shaniyat Chowdhury war damals Grundschüler und erfuhr Ausgrenzung und Schuldzuweisungen. Die Wissenschaftlerin Zareena Grewal bestätigt die Zunahme an antimuslimischen Attacken. Neben den Terroranschlägen hätten auch die Wahl Barack Obamas zum Präsidenten 2008 und die Amtszeit von Donald Trump Einfluss darauf gehabt. Heute gibt es in den USA jährlich 200 bis 300 antimuslimische „hate crimes". Grewal selbst hat in ihrem Alltag Anfeindungen erlebt. Als sie 2010 mit ihrer Tochter eine Moschee in New Haven besuchte, wurde sie von weißen Rechtsradikalen bedroht. Weil in der Nähe von „Ground Zero" ein islamisches Gemeindezentrum entstehen sollte, organisierten rechte Gruppen damals landesweit Proteste.

Aufgabe 2

- Man sollte die Gruppen, zwischen denen sich die Vorurteile aufgebaut haben, zusammenführen. So könnte man beispielsweise Tage der offenen Tür in Moscheen und Kirchen anbieten.
- Eine weitere Möglichkeit stellen Runde Tische dar, an denen Vertreter der jeweiligen Parteien teilnehmen und sich austauschen können.
- Im Schulunterricht sollte man die verschiedenen Weltreligionen ausführlich besprechen und mögliche Konfliktpotentiale thematisieren und kontrovers diskutieren.
- Entgegengewirkt werden sollte zudem der Herausbildung von Parallelgesellschaften. Ein Schlüssel zur Integration stellt die Sprache dar, weshalb von staatlicher Seite mehr bildungspolitische Angebote geschaffen werden sollten.
- Ebenfalls wichtig ist der Austausch auf politischer Ebene, so u. a. die Deutsche Islam Konferenz.

Weiterführende Anregung

Die Schüler informieren sich genauer über eine der in der „Chronologie" (KV S. 48) genannten Maßnahmen gegen die Verbreitung der islamischen Kultur in Westeuropa (z. B. das Bürgerbegehren gegen den Bau einer Großmoschee oder das Burka-Verbot). Anschließend bereiten sie eine Diskussionsrunde zum Thema vor, in der die verschiedenen Seiten zu Wort kommen. Eventuell bietet sich hier eine Zusammenarbeit mit dem Politikkollegen an. Besonders interessant wird eine solche Diskussion natürlich dann, wenn Sie Schüler islamischen Glaubens in Ihrer Lerngruppe haben.

HANDLUNGSÜBERSICHT UND STRUKTUR

1. Erstellen Sie lektürebegleitend eine tabellarische Handlungsübersicht. Sie wird Ihnen helfen, sich während der Unterrichtseinheit schnell im Drama zu orientieren.

Szene	Seiten	Personen	Handlung in Kürze
I, 1	7–12	Nathan Daja	Nathan erfährt von Daja, dass Recha in seiner Abwesenheit (Geschäftsreise) von einem Tempelherrn aus dem brennenden Haus gerettet wurde. Nathan möchte dem Tempelherrn danken.

2. Erinnern Sie sich noch, wie ein klassisches Drama aufgebaut ist? Die Buchstabenrätsel sind als kleine Wiederholungshilfe gedacht.

a) Sortieren Sie die Buchstaben so, dass sich daraus fünf zentrale Begriffe der Dramentheorie ergeben.

b) Tragen Sie die Begriffe an den passenden Stellen des Schaubilds ein. Erklären Sie einem Partner die genaue Bedeutung.

DALNEFLE DGNANLUH ÖGLUSN RIEPEITPE TOXISEPONI TIENGDESE LUNDAGHN

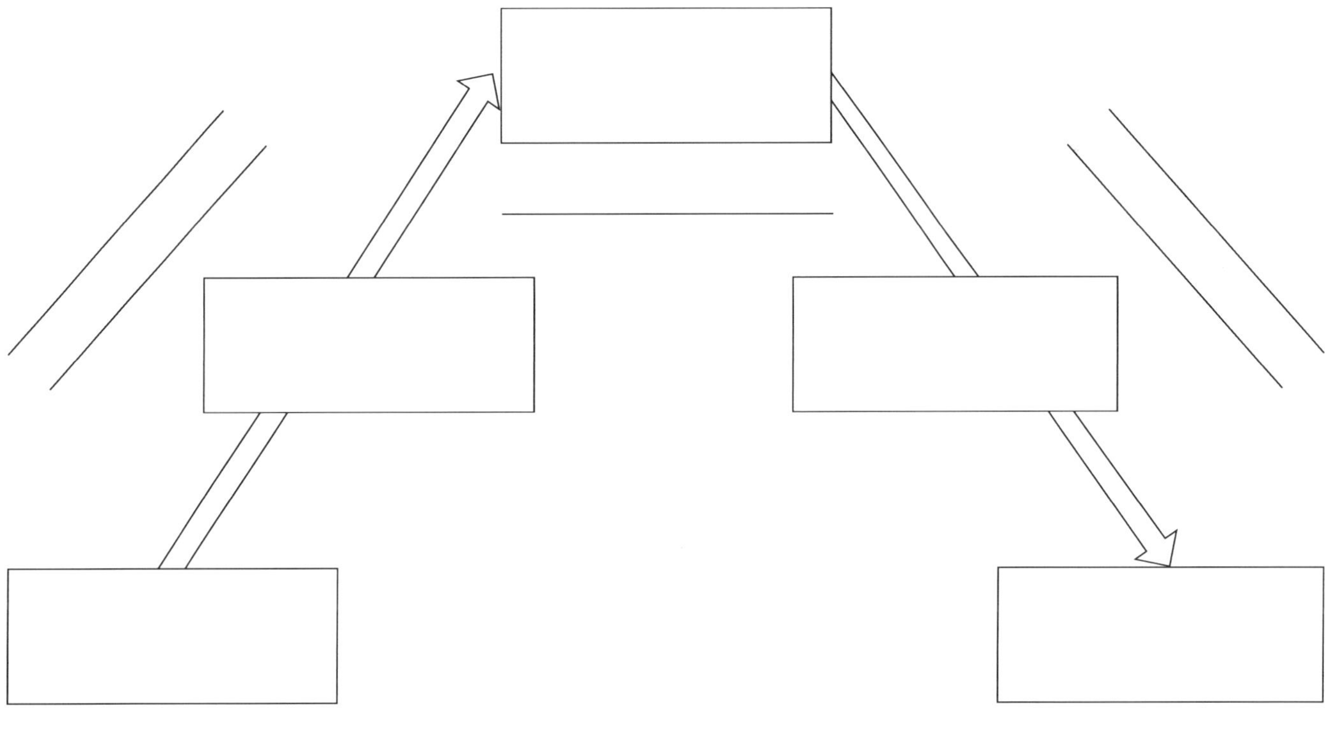

3. Welche Inhalte des Dramas können Sie welchen Teilen der Spannungskurve zuordnen? Übertragen Sie das Schaubild auf ein DIN-A4-Blatt und ergänzen Sie in Stichworten.

DER HISTORISCHE HINTERGRUND

Bereiten Sie für Ihre Mitschüler eines der unten angegebenen Themen in einer Kleingruppe vor.
a) Geben Sie einen Überblick über Ihr Thema.
b) Stellen Sie den Bezug zu Lessings „Nathan der Weise" her. Weshalb ist Ihr Thema für das Verständnis des Dramas wichtig?
c) Gibt es wichtige Textstellen, die sich auf Ihr Thema beziehen?

Hinweise

- Recherchieren Sie mithilfe des Internets.
- Überlegen Sie, welche der gefundenen Informationen für Ihre Mitschüler wichtig und interessant sind und welche nicht. (Vermeiden Sie z. B. Auflistungen von statistischen Fakten, die für Zuhörer meist wenig einprägsam und langweilig sind.)
- Erstellen Sie ein Handout im DIN-A4-Format. Dieses soll später Ihren Mitschülern die Möglichkeit bieten, die wichtigen Fakten und Zusammenhänge Ihres Themas schnell zu erfassen und zu wiederholen. Es sollte daher eine übersichtliche Struktur haben (z. B. Mindmap oder Grafik, auch strukturierende Mittel wie Überschriften oder Pfeile sind sinnvoll) und nicht als fortlaufender Text verfasst sein. Erwartet wird eine Beschränkung auf wichtige, interessante und für Ihr Thema relevante Informationen. Weiterführende Erläuterungen können Sie im Referat geben.
- Notieren Sie auf Ihrem Handout drei von Ihnen als hilfreich empfundene Internetlinks, die auch Ihren Mitschülern weiterhelfen können.
- Bereiten Sie ein Referat zu Ihrem Thema vor. Verteilen Sie den Inhalt sinnvoll auf die Mitglieder Ihrer Gruppe.

Mein Thema:

- ◯ Das Judentum – Grundlagen der Religion
- ◯ Der Islam – Grundlagen der Religion
- ◯ Das Christentum – Grundlagen der Religion
- ◯ Die Kreuzzüge
- ◯ Jerusalem – wieso treffen sich hier alle?
- ◯ Der Templerorden
- ◯ Das historische Vorbild für die Figur des Sultans Saladin
- ◯ Die Situation der Juden zur Zeit der Kreuzzüge
- ◯ Die Situation der Juden zur Zeit Lessings

Meine Gruppenmitglieder: ______________________

____

Termin für die Abgabe des Handouts: ______________________

Termin für unser Referat: ______________________

DIE KREUZZUGSBEWEGUNG

1. Arbeiten Sie aus dem folgenden Text heraus, aus welchen Gründen die Kreuzzüge geführt wurden.

Die Kreuzzüge: Wenn von den Kreuzzügen die Rede ist, sind in der Regel die Orientkreuzzüge gemeint, die vom 11. bis zum Ende des 13. Jahrhunderts von den europäischen Christen unternommen wurden. Zum Ziel hatten sie die Befreiung der für die Christenheit heiligen Stätten von der islamischen Herrschaft. Die Kirche versprach den Kreuzrittern Vergebung von Sünden und Erlösung in der „himmlischen Stadt" Jerusalem. Doch auch wirtschaftliche Interessen wie die Aussicht auf die Eroberung von Land und die Erschließung neuer Handelsquellen wirkte auf eine Vielzahl von Menschen motivierend. Neben einer breiten Volksbewegung kam es während der Kreuzzüge zur Gründung von Ritterorden, einer Verbindung aus adligem Rittertum und Mönchtum. Zu den bekanntesten zählen der Templerorden, der Johanniterorden und der Deutsche Orden. Neben der Versorgung von Pilgern und Kranken zählte zu ihren Aufgaben der bewaffnete Kampf gegen „Ungläubige".

Erster Kreuzzug (1096–1099): 1095 rief Papst Urban II. auf der Synode von Clermont die Christenheit zur Unterstützung der christlichen Kirche des Ostens gegen die muslimischen Seldschuken auf. Dieser erste Appell zum Kreuzzug nahm in den folgenden Monaten konkrete Formen an. Im Folgejahr brachen die ersten Kreuzfahrerheere, eine weitestgehend unorganisierte Volksmasse, über Konstantinopel nach Jerusalem auf. Bereits auf der Reise kam es zu Gemetzeln. So wurden u. a. in Frankreich und Böhmen ganze Judengemeinden vernichtet. Nach der Gründung von Kreuzfahrerstaaten in Kleinasien und Syrien wurde 1099 schließlich die Heilige Stadt zurückerobert und das Königreich Jerusalem gegründet.

Zweiter Kreuzzug (1147–1149): Der islamischen Rückeroberung eines Kreuzfahrerstaates (Grafschaft Edessa) im Jahr 1144 folgte ein erneuter Appell der Kirche zum Kreuzzug. Doch diesmal mussten die Kreuzfahrer schwere Niederlagen hinnehmen und sieglos nach Europa zurückkehren.

Dritter Kreuzzug (1189–1192): Nachdem der kurdische Feldherr Saladin seine islamischen Feinde besiegt und Ägypten sowie große Teile Syriens unter seine Herrschaft gebracht hatte, begann er seinen Feldzug gegen die Kreuzfahrerstädte. Nachdem er bereits wichtige christliche Städte erobert hatte, nahm er 1187 Jerusalem ein. Dem folgenden Aufruf der Kirche nach einem weiteren Kreuzzug schenkten zugleich drei mächtige Herrscher Gehör: der englische König Richard I. Löwenherz, der französische König Philipp II. August und der deutsche König Friedrich I. Barbarossa. Dennoch scheiterte der Versuch, die Heilige Stadt zurückzuerobern. Friedrich ertrank 1190 auf der Reise im Fluss Saleph, woraufhin der Großteil seines Heeres umkehrte; die beiden anderen Könige zerstritten sich. Philipp brach den Kreuzzug ab und Richard unterlag den Truppen Saladins. Jedoch schloss er 1192 mit Saladin einen Friedensvertrag, der den Christen freien Zugang zu ihren Pilgerstätten sicherte. Der Frieden währte aber nur wenige Jahre.

Vierter bis Siebter Kreuzzug: Der Vierte Kreuzzug (1202–1204) richtete sich gegen Byzanz und endete mit der Eroberung Konstantinopels. Im folgenden, ausnahmsweise unblutigen, Kreuzzug (1228–1229) gelang es dem deutschen Kaiser Friedrich II., Jerusalem durch geschickte Verhandlungen zurückzugewinnen. 1244 verloren es die Christen jedoch bereits wieder und dieses Mal endgültig. Der Sechste Kreuzzug (1248–1254), geführt von Ludwig IX. von Frankreich, endete in Ägypten mit der zwischenzeitlichen Gefangenschaft des Königs und seines gesamten Heeres. 1270, auf dem Siebten Kreuzzug, fielen Ludwig und viele seiner Männer einer Seuche zum Opfer. In der Folgezeit wurden die ehemals christlich besetzten Gebiete von Mamelucken aus Ägypten erobert. Mit der Stürmung von Akkon, der letzten Hochburg der Kreuzfahrer, im Jahr 1291 fanden die Kreuzzüge ins Heilige Land ihr Ende. Unzählige Muslime, Juden und Christen haben „im Kampf für den Glauben" ihr Leben verloren.

2. Nennen Sie Textstellen aus dem „Nathan", die sich auf den historischen Hintergrund beziehen.

3. Diskutieren Sie, welche Gründe es für Lessing gegeben haben könnte, die Zeit der Kreuzzüge als zeitlichen Rahmen für sein Drama zu wählen.

WER KANN HIER WIE MIT WEM?

1. Folgendes Schaubild einer Schülerin, das die Figurenkonstellation zu Beginn des Dramas (nach I, 4) darstellen soll, ist in einigen Punkten nicht ganz gelungen. Korrigieren Sie die entsprechenden Stellen.

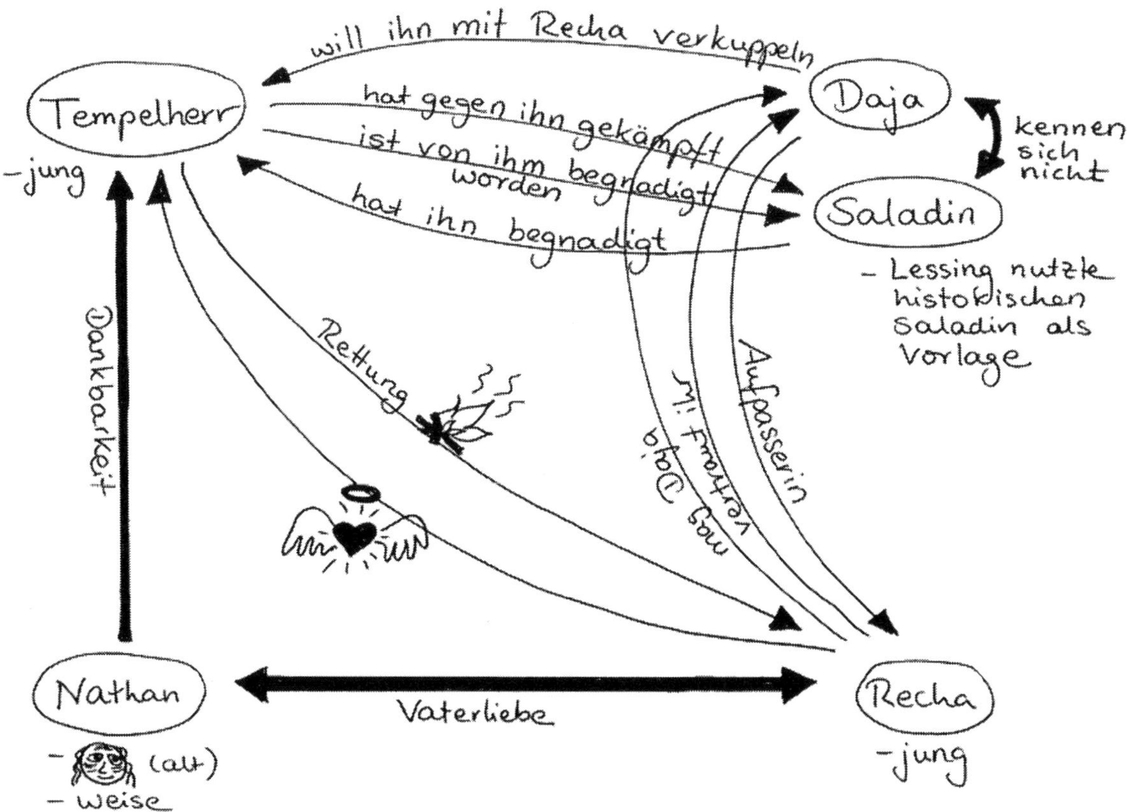

2. Übertragen Sie folgende Tabelle in Ihr Heft. Fassen Sie Lob und Kritik an der Figurenkonstellation der Schülerin stichwortartig zusammen.

gut gelungen	weniger gut gelungen
beteiligte Figuren durch Einkreisung gut zu erkennen	…

3. Sammeln Sie sinnvolle darstellerische Mittel für eine Figurenkonstellation.

4. Fertigen Sie für folgende Szenen Figurenkonstellationen an. Sie sollen die Entwicklung verdeutlichen, die die Figur des Tempelherrn im Drama durchmacht:
a) im Anschluss an I, 6,
b) im Anschluss an II, 5,
c) im Anschluss an V, 8.

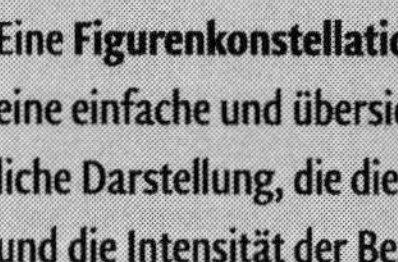

Eine **Figurenkonstellation** ist eine einfache und übersichtliche Darstellung, die die Art und die Intensität der Beziehungen von verschiedenen Figuren zueinander allgemein verständlich zum Ausdruck bringt.

EIN WAHRES WUNDER?

1. Beschreiben Sie mithilfe der Szene I, 1 die Beziehung zwischen Nathan und Recha.

2. Wie erklärt sich Recha ihre Rettung, wie Nathan? Untersuchen Sie die Szene I, 2 und tragen Sie die Antworten in die Sprechblasen ein.

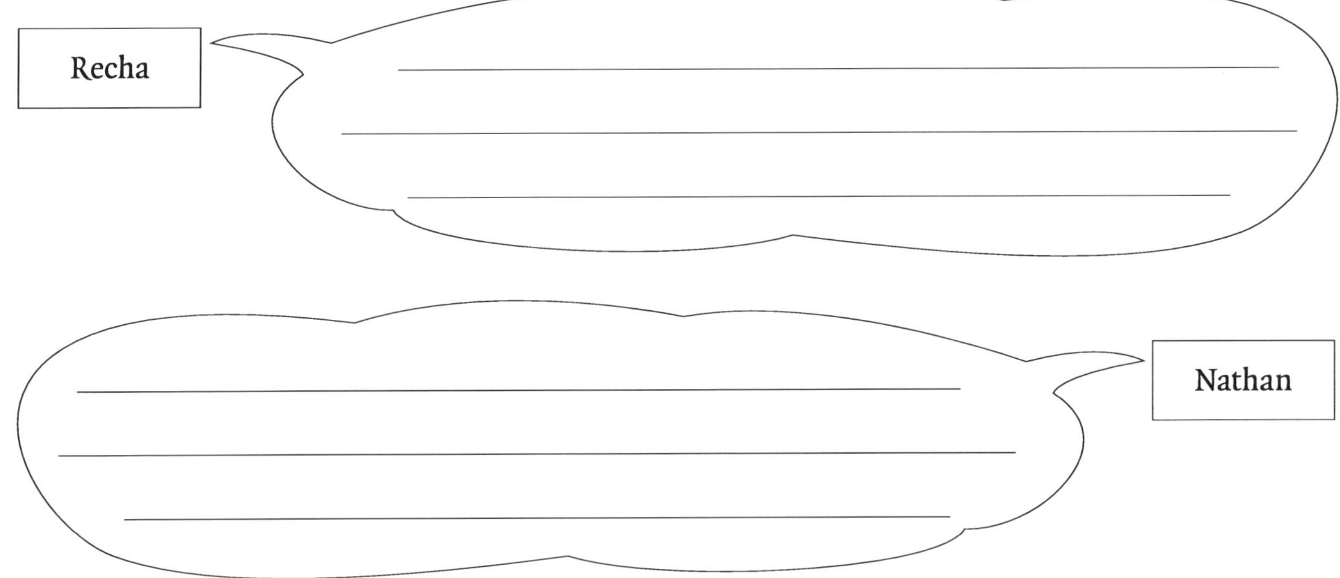

3. Nathan möchte Recha von seiner Erklärung überzeugen. Untersuchen Sie, mit welchen pädagogischen und sprachlichen Mitteln er sein Ziel erreicht. Übertragen Sie die Tabelle und führen Sie sie entsprechend fort.

pädagogische / sprachliche Mittel	Belegstellen (Versangaben)	(beabsichtigte) Wirkung
Nathan lässt Recha zunächst erzählen und behält seine Ansicht für sich.	178–198	Er möchte Recha nicht verunsichern.

4. Was will Nathan mit seiner Topfmetapher ausdrücken? Bringen Sie das Bild auf die Sachebene. Stellen Sie einen Zusammenhang zu Lessings Fragmentenstreit mit dem Hauptpastor Goeze her.

VORURTEILEN KEINE CHANCE!

Analysieren Sie den Dialog zwischen Nathan und dem Tempelherrn. Notieren Sie hinter den Versangaben passende Überschriften für die verschiedenen Phasen des Gesprächs.

V. 1191–1246: ______________________________

Nathan

Da ist der Tempelherr.
Ich möchte ______________________________

Tempelherr

Das ist sicher Nathan.
Ich möchte ______________________________

Auf diese Art versuche ich, das zu erreichen:
____

Auf diese Art versuche ich, das zu erreichen:
____

V. 1246–1270: ______________________________

N. Meine Aktion: ______________________________

→ Meine Reaktion: ______________________________ **T.**

Grund: ______________________________

Grund: ______________________________

V. 1271–1304: ______________________________

N. Meine Meinung: ______________________________

T. Meine Meinung: ______________________________

V. 1304–1326: ______________________________

N. **T.** Hierin stimmen wir überein: ______________________________

Ergebnis des Gesprächs:

ZWISCHEN DEN FRONTEN

1. Wie stehen die Sympathiewerte des Tempelherrn? Ordnen Sie die Figur zunächst für sich auf einer Skala von 1 (sehr sympathisch) bis 6 (sehr unsympathisch) ein. Ermitteln Sie anschließend den Durchschnittswert für Ihren Kurs.

2. a) Wie würden Sie den Tempelherrn vor seiner Begegnung mit Nathan (II, 5) charakterisieren? Kreisen Sie zutreffende Eigenschaften ein und finden Sie entsprechende Belegstellen.
b) Inwiefern hat sich die Haltung des Tempelherrn durch das Gespräch verändert? Notieren Sie passende Adjektive auf der Schreiblinie.

mutig | selbstlos | melancholisch | impulsiv | konfliktscheu | unüberlegt | wohlhabend | prinzipientreu | kämpferisch

ängstlich | vorurteilsbehaftet | leidenschaftlich | orientierungslos | traurig | alt | optimistisch | unfreundlich

⇨ ______________________________

3. Fassen Sie die Haltung des Tempelherrn in den vorgegebenen Textstellen zusammen. Kreuzen Sie an, ob es sich – gemessen am Ausgang des Gesprächs in II, 5 – um einen Rückschritt oder einen Fortschritt handelt. Verbinden Sie die Kreuze und beschreiben Sie anhand dessen die Entwicklung der Figur im Drama.

Textstelle	Zusammenfassung der Haltung des Tempelherrn	Rückschritt	Fortschritt
V. 2111–2159 (III, 8)		◯	◯
V. 2342–2372 (III, 10)		◯	◯
V. 2473–2597 (IV, 2)		◯	◯
V. 2719–2782 (IV, 4)		◯	◯
V. 3227–3286 (V, 3)		◯	◯
V. 3705–3758 (V, 8)		◯	◯
V. 3794–3806 (V, 8)		◯	◯

4. Welche Wirkungsabsicht verfolgt Lessing wohl mit dieser Darstellung des Tempelherrn? Warum lässt er die Figur so häufig auftauchen? Diskutieren Sie diese Fragen unter Berücksichtigung Ihrer Umfragewerte.

DIE RINGPARABEL (1)

III, 5: Ausgangsfrage ___

Hintergrund: ___

III, 6: Das Dilemma

Wenn ___, dann ___

Aber andererseits, wenn ___, dann ___

Das ist die einzige Lösung: ___

III, 7: Nathans Geschichtchen

1. Zeitpunkt: ___
2. Ort: ___
3. Geschenk: ___
4. Ursprung: ___
5. Stein: ___
6. Wirkung: ___
7. Voraussetzung für die Wirkung: ___ 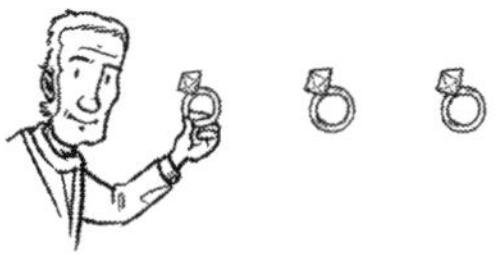
8. Einige Generationen später: ___
9. Das Problem der Söhne: ___ 
10. Das Problem des Richters: ___ 
11. Der Rat des Richters: ___
12. Weitere Forderungen des Richters: ___

Reaktion des Sultans

Gedacht: ___

Ausgesprochen: ___

DIE RINGPARABEL (2)

III, 5 **Wie fühlt sich der Sultan bei seinem Vorhaben? Was sagt dies über seinen Charakter aus?**

Inwiefern ist diese Charaktereigenschaft wichtig für den Ausgang des folgenden Dialogs?

III, 6 **Weshalb kann Nathan sich mit dieser Lösung retten?**

III, 7 **Erschließen Sie sich die allgemeingültige Aussage der Parabel, indem Sie die Antworten auf die Fragen 1 bis 12 von der Bild- auf die Sachebene übertragen.**

1.
2.
3.
4.
5.
6.
7.
8.
9.
10.
11.
12.

i

Eine **Parabel** (= griech. „Gleichnis") ist ein meist in eine kurze Erzählung eingebundener Vergleich, dessen tatsächliche Aussage sich dem Leser durch analoge Übertragung auf die Sachebene erschließt.

⇨ Reaktion des Sultans

Welche Absicht verfolgte Lessing mit dieser Parabel?

DER SULTAN SALADIN

1. Lessing orientierte sich bei seiner Figurenkonzeption an der historischen Person Salah ad-Din. Eine seiner Hauptquellen war François Marins „Geschichte Saladins Sultans von Ägypten und Syrien“. Überprüfen Sie anhand der folgenden Ausschnitte, welche Charakterzüge Lessing übernimmt und in welchen er abweicht.

- Saladin beobachtete die Vorschriften des Korans mit so vieler Gewissenhaftigkeit, dass die Muselmänner ihn unter die Zahl der Heiligen versetzet haben. [... Er] ernährete alle, welche in Dürftigkeit lebten.
- Dem Stolze und der Weichlichkeit feind, trug er allezeit ganz schlechte Kleider, lebte von wenigen, bedienete sich nur gemeiner Speisen; sein Zelt war unter allen am mindesten prächtig.
- Er war [im Kampf] der Erste bei dem Sturme.
- Ohngeachtet er Herr von Ägypten, von Syrien, von dem glücklichen Arabien und von Mesopotamien war, [...] so hinterließ er doch [...] nichts als siebenundvierzig Silber-Drachmen und einen einzigen Goldtaler. Man war genötigt, alles zu leihen, was zu seinem Leichenbegängnis nötig war.
- Seine ausnehmend großen Verschenkungen machten oft, dass es an dem Notwendigen fehlete. Sein Schatzmeister hatte daher die Gewohnheit, dass er ohne sein Wissen allezeit etwas Geld auf den Notfall zurückbehielt.
- Alle Personen, ohne Unterschied des Ranges, des Alters, des Landes, der Religion fanden bei ihm einen freien Zutritt: die Muselmänner, die Christen, die Untertanen, die Ausländer [...] alle wurden zu seinem Richterstuhle zugelassen und nach den Gesetzen [...] gerichtet.
- Ihm fehlete diejenige Schärfe, welche Fürsten notwendig ist, ihre Macht in Respekt zu erhalten. Er konnte niemals eine strenge Kriegszucht unter seinen Truppen einführen [...].

Nach: FRANÇOIS MARIN: Geschichte Saladins Sultans von Ägypten und Syrien, Bd. 2. Übers. von E. G. Küster. Celle 1761, S. 320–334.

2. Welche Charaktereigenschaften treffen auf den Sultan vor seiner Begegnung mit Nathan zu? Belegen Sie Ihre Einschätzung mithilfe geeigneter Textstellen.

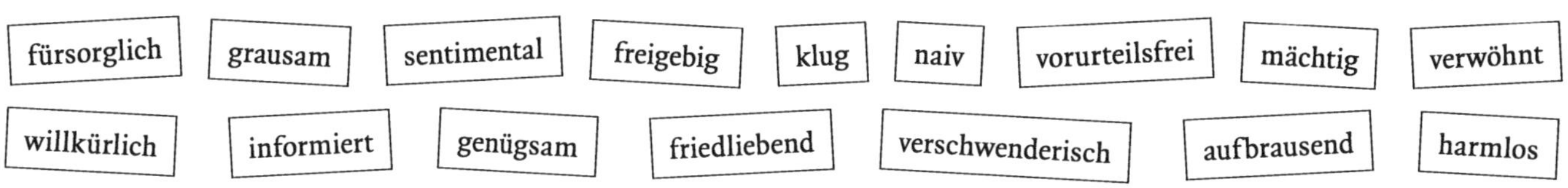

3. Im Laufe des Gesprächs mit Nathan macht Saladin eine Entwicklung durch. Stellen Sie diese anhand folgender Ausschnitte in Form von Standbildern dar.

a) Sittah und der Sultan unterhalten sich über das bevorstehende Treffen mit Nathan (III, 4).
b) Der Sultan fragt Nathan nach seiner Meinung zur wahren Religion (III, 5).
c) Der Sultan fordert Nathan ungeduldig auf, seine Geschichte zu erzählen (V. 1903–1910).
d) Der Sultan wendet sich betroffen ab und fordert Nathan auf, zum Ende zu kommen (V. 1955–1958).
e) Der Sultan sieht ein: „Der Mann hat Recht. Ich muss verstummen.“ (V. 1991 f.)
f) Der Sultan bittet Nathan um seine Freundschaft (V. 2054–2060).

i

Das Standbildverfahren
Ein Standbild zeigt – wie ein Foto – einen unbewegten Ausschnitt aus einer Szene. Um das Bild aussagekräftig zu machen, sind Details, wie z. B. die Position der Personen zueinander, Mimik und Gestik, sehr wichtig. Ein „Bildhauer“ in Ihrer Gruppe modelliert die Personen zunächst nach seinen Vorstellungen. Anschließend dürfen die anderen Gruppenteilnehmer sein Ergebnis kommentieren und korrigieren, bis ein Konsens erreicht ist. Das Bild wird später vor der gesamten Lerngruppe gezeigt.

VORHANG AUF FÜR SALADIN!

Sittah und Saladin wurden in den beiden hier abgebildeten Aufführungen des „Nathan" unterschiedlich in Szene gesetzt.

1. **Beschreiben Sie, mit welchen Mitteln die Rolle jeweils interpretiert wurde. Welcher Eindruck wird dadurch vermittelt?**

2. **Welche Darstellung kommt Ihrer eigenen Vorstellung am nächsten? Inwiefern?**

3. **Beschreiben Sie die Tendenz, die sich anhand der beiden Bilder bezüglich der Inszenierung literarischer Figuren auf der Bühne ablesen lässt.**

Saladin und Sittah in einer Inszenierung von 1945

Deutsches Theater Berlin, Regie: FRITZ WISTEN, 1945
INGEBORG SENKPIEL als Sittah, KAI MÖLLER als Sultan Saladin

Saladin und Sittah in einer Inszenierung von 2008

Volkstheater Rostock, Regie: JOHANNA WEISSERT, 2008
MARIE SUTTNER als Sittah, ULRICH K. MÜLLER als Sultan Saladin
Foto: Dorit Gätjen / Volkstheater Rostock

EIN DRAMA IM DRAMA

1. Übertragen Sie mithilfe der folgenden Tabelle die Struktur des klassischen Dramas auf die Ringparabel (V. 1911 – 2054).

	Abschnitte	Verse	Inhalt
I	Exposition		
II			
III			
IV			
V			

2. Erklären Sie, wodurch die einzelnen Abschnitte des „Dramas im Drama“ gegeneinander abgegrenzt sind.

3. Warum hat Lessing sich bei der Struktur der Ringparabel wohl so viel Mühe gegeben? Welche Wirkung hoffte er damit beim Zuschauer zu erzielen? Diskutieren Sie darüber in der Gruppe.

DIE RINGPARABEL BEI BOCCACCIO (1)

i

Giovanni Boccaccio (1313–1375) war ein italienischer Schriftsteller. Sein bekanntestes Werk „Il Decamerone" (abgeleitet von griech. „deka" = „zehn" und „hemera" = „Tag") spielt im Jahr 1348: Die Pest wütet in Florenz. Um der Gefahr zu entfliehen, ziehen sich sieben junge Damen und drei junge Herren in ein Landhaus zurück. Dort erzählen sie sich zum Zeitvertreib zehn Tage lang jeweils zehn Geschichten. Die Ringparabel ist die dritte Geschichte des ersten Tages. Die meisten dieser 100 Novellen hat Boccaccio jedoch nicht selbst erfunden. Er entnahm die Geschichten aus altfranzösischen, arabischen und sonstigen Quellen und band sie in die Rahmenhandlung ein. Im Zusammenhang mit Lessing ist besonders interessant, dass Boccaccio die Geschichtensammlung ebenfalls dazu nutzte, um die niederen und hohen Geistlichen, die in den Novellen vorkamen, lächerlich zu machen. Das Werk wurde daher zeitweise verboten und sogar verbrannt. Immer wieder diente das reichhaltige Repertoire des „Decamerone" dazu, Maler und Schriftsteller zu eigenen Werken zu inspirieren.

1. Vergleichen Sie anhand der folgenden Tabelle Lessings Ringparabel mit der literarischen Vorlage.

	Boccaccio	Lessing
Absicht des Sultans		
Charakter des Juden		
Auslöser für das Gespräch		
Gesprächsabschnitte		
besonderer Wert des Rings		
Beziehung zwischen Bild- und Sachebene der Parabel		
Beziehung Sultan–Jude nach dem Gespräch		
Aussage der erzählten Geschichte		

Giovanni Boccaccio, Das Dekameron (1349–52/53)

Saladin, dessen Tapferkeit so groß war, dass sie ihn nicht nur von einem geringen Manne zum Sultan von Babylon erhob, sondern ihm auch vielfache Siege über sarazenische [d. h. muslimische] und christliche Fürsten gewährte, hatte in zahlreichen Kriegen und in großartigem Aufwand seinen ganzen Schatz geleert, und wusste nun, wo neue und unerwartete Bedürfnisse wieder eine große Geldsumme erheischten, nicht, wo er sie so schnell, als er ihrer bedurfte, auftreiben sollte. Da erinnerte er sich eines reichen Juden, Namens Melchisedech, der in Alexandrien auf Wucher lieh und nach Saladins Dafürhalten wohl im Stande gewesen wäre, ihm zu dienen, aber so geizig war, dass er von freien Stücken es nie getan haben würde. Gewalt wollte Saladin nicht brauchen; aber das Bedürfnis war dringend, und es stand bei ihm fest, auf eine oder die andere Art solle der Jude ihm helfen. So sann er denn nur auf einen Vorwand, unter einigem Schein von Recht ihn zwingen zu können.

DIE RINGPARABEL BEI BOCCACCIO (2)

Endlich ließ er ihn rufen, empfing ihn auf das freundlichste, hieß ihn neben sich sitzen und sprach alsdann: „Mein Freund, ich habe schon von vielen gehört, du seiest weise und habest besonders in göttlichen Dingen tiefe Einsicht; nun erführe ich gern von dir, welches unter den drei Gesetzen du für das wahre hältst, das jüdische, das sarazenische oder das christliche." Der Jude war in der Tat ein weiser Mann und erkannte wohl, dass Saladin ihm solcherlei Fragen nur vorlegte, um ihn in seinen Worten zu fangen; auch sah er, dass, welches von diesen Gesetzen er vor den andern loben möchte, Saladin immer seinen Zweck erreichte. So bot er denn schnell seinen ganzen Scharfsinn auf, um eine unverfängliche Antwort, wie sie ihm nottat, zu finden, und sagte dann, als ihm plötzlich eingefallen war, wie er sprechen sollte: „Mein Gebieter, die Frage, die Ihr mir vorlegt, ist schön und tiefsinnig; soll ich aber meine Meinung darauf sagen, so muss ich Euch eine kleine Geschichte erzählen, die Ihr sogleich vernehmen sollt. Ich erinnere mich, oftmals gehört zu haben, dass vor Zeiten ein reicher und vornehmer Mann lebte, der vor allen andern auserlesenen Juwelen, die er in seinem Schatze verwahrte, einen wunderschönen und kostbaren Ring wert hielt. Um diesen seinem Werte und seiner Schönheit nach zu ehren und ihn auf immer in dem Besitze seiner Nachkommen zu erhalten, ordnete er an, dass derjenige unter seinen Söhnen, der den Ring, als vom Vater ihm übergeben, würde vorzeigen können, für seinen Erben gelten und von allen den andern als der vornehmste geehrt werden solle. Der erste Empfänger des Rings traf unter seinen Kindern ähnliche Verfügung und verfuhr dabei wie sein Vorfahre. Kurz, der Ring ging von Hand zu Hand auf viele Nachkommen über. Endlich aber kam er in den Besitz eines Mannes, der drei Söhne hatte, die sämtlich schön, tugendhaft und ihrem Vater unbedingt gehorsam, daher auch gleich zärtlich von ihm geliebt waren. Die Jünglinge kannten das Herkommen in Betreff des Ringes, und da ein jeder der Geehrteste unter den Seinigen zu werden wünschte, baten alle drei einzeln den Vater, der schon alt war, auf das inständigste um das Geschenk des Ringes. Der gute Mann liebte sie alle gleichmäßig und wusste selber keine Wahl unter ihnen zu treffen; so versprach er denn den Ring einem jeden und dachte auf ein Mittel, alle zu befriedigen. Zu dem Ende ließ er heimlich von einem geschickten Meister zwei andere Ringe verfertigen, die dem ersten so ähnlich waren, dass er selbst, der doch den Auftrag gegeben, den rechten kaum zu erkennen wusste. Als er auf dem Todbette lag, gab er heimlich jedem der Söhne einen von den Ringen. Nach des Vaters Tode nahm ein jeder Erbschaft und Vorrang für sich in Anspruch, und da einer dem andern das Recht dazu bestritt, zeigte der eine wie die andern, um die Forderung zu begründen, den Ring, den er erhalten hatte, vor. Da sich nun ergab, dass die Ringe einander so ähnlich waren, dass niemand, welcher der echte sei, erkennen konnte, blieb die Frage, welcher von ihnen des Vaters wahrer Erbe sei, unentschieden und bleibt es noch heute.

So sage ich Euch denn, mein Gebieter, auch von den drei Gesetzen, die Gott der Vater den drei Völkern gegeben, und über die ihr mich befraget. Jedes der Völker glaubt seine Erbschaft, sein wahres Gesetz und seine Gebote, zu haben, damit es sie befolge. Wer es aber wirklich hat, darüber ist, wie über die Ringe, die Frage noch unentschieden."

Als Saladin erkannte, wie geschickt der Jude den Schlingen entgangen sei, die er ihm in den Weg gelegt hatte, entschloss er sich, ihm geradezu sein Bedürfnis zu gestehen. Dabei verschwieg er ihm nicht, was er zu tun gedacht habe, wenn jener ihm nicht mit so viel Geistesgegenwart geantwortet hätte. Der Jude diente Saladin mit allem, was dieser von ihm verlangte, und Saladin erstattete jenem nicht nur das Darlehn vollkommen, sondern überhäufte ihn noch mit Geschenken, gab ihm Ehre und Ansehen unter denen, die ihm am nächsten standen, und behandelte ihn immerdar als seinen Freund.

Giovanni Boccaccio: Das Dekameron (1,3). Übers. von Karl Witte, 3. Aufl. Leipzig 1859, S. 49–53.

2. Fassen Sie das Ergebnis Ihres Vergleichs zusammen: Worin weicht Lessing von der Vorlage ab und was beabsichtigte er damit?

3. Ist die Aussage von Lessings Ringparabel Ihrer Meinung nach heute noch aktuell? Diskutieren Sie darüber in der Gruppe.

GEGEN DEN DOGMATISMUS

1. Fassen Sie Nathans zentrale Lehren zusammen, indem Sie die Sätze in den Sprechblasen ergänzen.

2. Die Einstellungen Dajas und des Patriarchen stehen Nathans Idealen entgegen. Arbeiten Sie ihre Überzeugungen aus den vorgegebenen Textstellen heraus.

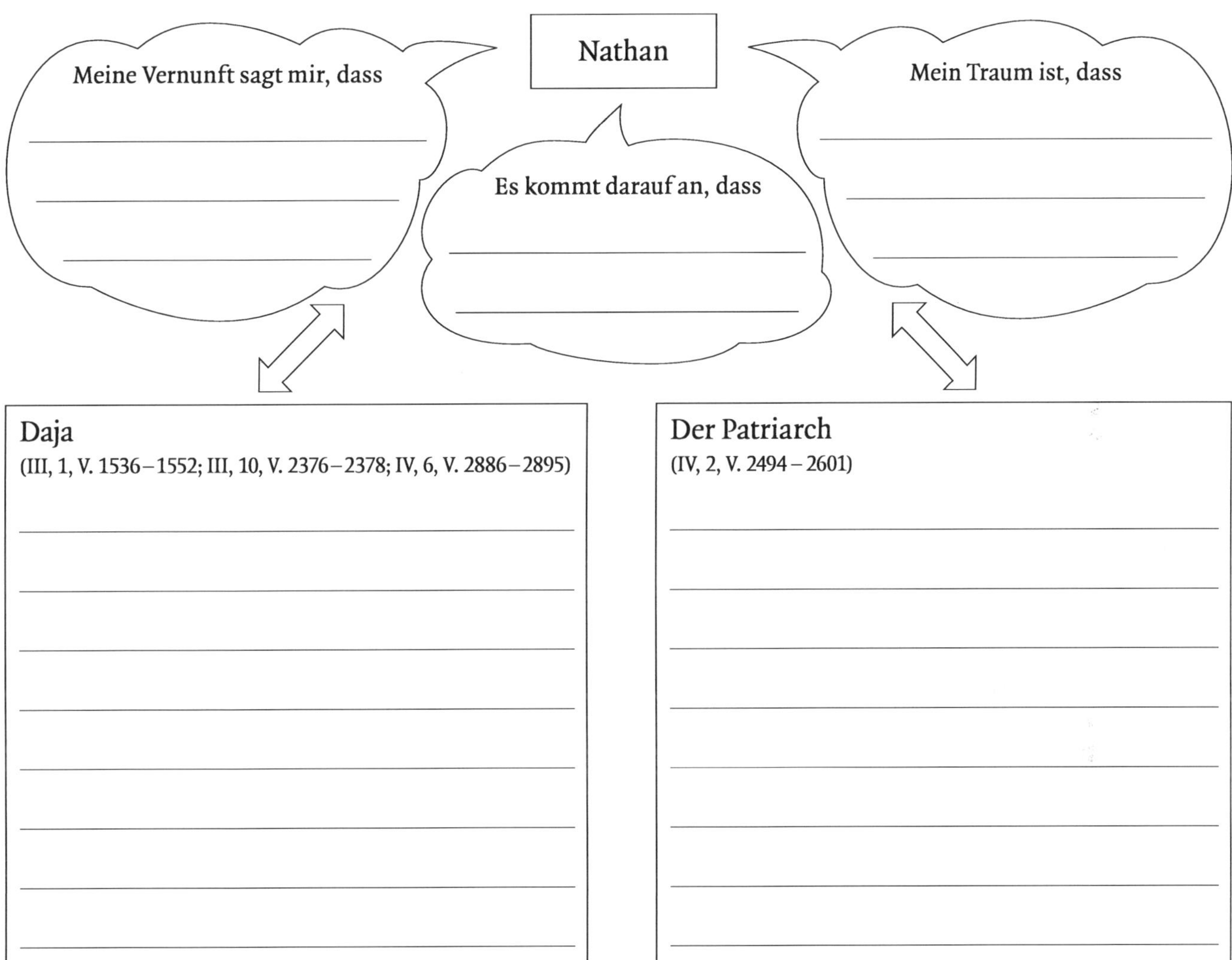

3. Welche Absicht verfolgte Lessing mit der Darstellung dieser beiden Negativfiguren? Kreuzen Sie die Aussagen an, denen Sie aufgrund Ihrer bisherigen Kenntnisse am ehesten zustimmen können. Begründen Sie Ihre Meinung.

1. Mit der Darstellung Dajas und des Patriarchen übt Lessing grundlegende Kritik am Christentum. ○
2. Der Patriarch trägt Züge des Hauptpastors Goeze, mit dem Lessing in den Fragmentenstreit verwickelt war. ○
3. Lessing verurteilt hiermit die Machtpolitik der christlichen Kirche zu seiner Zeit. ○
4. Daja und der Patriarch sind nur Beispiele für intolerante, fanatische Gläubige. Es ist Zufall, dass beide dem christlichen Glauben angehören. ○
5. Diese beiden Negativbeispiele sollen dem Zuschauer vor Augen führen, wie man sich nicht verhalten darf. ○

TOLERANZ HEUTE? (1)

1. Skizzieren Sie die gesellschaftliche Entwicklung seit 2001, die sich anhand der folgenden Ereignisse aufzeigen lässt.

CHRONOLOGIE

11. September 2001: Bei den Anschlägen auf das World Trade Center in New York und das Pentagon in Washington sterben fast 3000 Menschen. Die Attentate lösen auch in Europa eine anhaltende Debatte über den Umgang mit dem Islam aus und verschaffen islamophoben Bewegungen Aufwind.

11. März 2004: Bei Bombenanschlägen auf mehrere Vorortzüge in Madrid sterben 191 Menschen, mehr als 1800 werden verletzt. Die islamistischen Attentäter stehen in Kontakt mit Al-Qaida.

2. November 2004: Der durch seine provokanten Filme bekannt gewordene niederländische Regisseur Theo van Gogh wird von einem islamischen Fundamentalisten niedergestochen. Auslöser war Goghs Film „Submission“ über die Unterdrückung muslimischer Frauen.

7. Mai 2007: Niederlage für die Bürgerinitiative Pro Köln: Das von dem Bündnis initiierte Bürgerbegehren gegen den Bau einer Großmoschee wird für unzulässig erklärt.

29. November 2009: Bei einer Volksabstimmung sprechen sich die Schweizer mit einer Mehrheit von 58 Prozent dafür aus, den Bau von Minaretten zu verbieten.

29. April 2010: Als erstes Land in der Europäischen Union beschließt Belgien ein Burka-Verbot. Frankreich zieht im Juli nach.

22. Juli 2011: Bei Anschlägen in Oslo und auf der Insel Utøya tötet der Rechtsextremist Anders Breivik 77 Menschen. In einem Manifest schrieb der Täter über die „Islamisierung Europas“, die er beenden wolle.

13. November 2015: Eine Reihe von koordinierten Attentaten der terroristischen Vereinigung „Islamischer Staat“ erschüttert Paris und die Vorstadt Saint-Denis. 130 Menschen werden getötet und 683 verletzt.

19. Dezember 2016: Auf dem Weihnachtsmarkt am Breitscheidplatz in Berlin steuert der islamistische Terrorist Anis Amri einen Sattelzug in eine Menschenmenge. Insgesamt 13 Personen sterben, mindestens 67 werden verletzt.

1. Juni 2019: Der CDU-Politiker Walter Lübcke wird vor seinem Wohnhaus erschossen. Laut Gericht wollte der Attentäter den Kasseler Regierungspräsidenten für seine Haltung in der Flüchtlingspolitik bestrafen und andere von einer „Politik der Weltoffenheit“ abhalten.

9. Oktober 2019: An Jom Kippur, dem höchsten jüdischen Feiertag, versucht ein Rechtsextremist gewaltsam in eine Synagoge in Halle einzudringen. Nachdem ihm dies misslingt, erschießt er vor dem Gebäude und in einem Imbiss zwei Menschen.

19. Februar 2020: Bei einem rechtsextremen Terrorakt werden neun Hanauer Bürger mit Migrationshintergrund in und vor Shisha-Bars ermordet. Danach erschießt der Attentäter seine Mutter und sich selbst.

2. „Jetzt gibt es das Drama ‚Nathan der Weise‘ schon seit über 240 Jahren. Offenbar hat es gar keine Wirkung, der Gedanke der Toleranz setzt sich nicht durch. Dann können wir ja auch aufhören, es zu lesen.“ – Finden Sie Argumente, die diese Schülermeinung widerlegen: „Nein, das Drama sollte weiterhin gelesen werden, weil ...“

TOLERANZ HEUTE? (2)

1. Fassen Sie die Situation in den USA mit eigenen Worten zusammen.

„SIE SAGTEN, ICH HÄTTE SCHULD AN DEM, WAS PASSIERT WAR“

MUSLIME IN AMERIKA: Amerikanische Muslime leiden bis heute unter dem Generalverdacht, der sie nach dem 11. September 2001 traf. [...] (von Frauke Steffens, 9. September 2021)

Shaniyat Chowdhury war neun, als Terroristen vier Flugzeuge entführten und drei davon in das New Yorker World Trade Center und das Pentagon in Washington lenkten. In den Tagen nach dem 11. September 2001 sei alles anders gewesen, erinnert er sich heute. Plötzlich wollten Kinder nicht mehr mit ihm spielen. Damals wohnte Chowdhury mit seinen Eltern, die aus Bangladesch stammen, in einer Vorstadt von Atlantic City in New Jersey. Die meisten Kinder in der Nachbarschaft waren weiße Nichtmuslime. Bis dahin hatte das für den Grundschüler keine Rolle gespielt. Doch von einem Tag auf den anderen seien seine Freunde keine Freunde mehr gewesen. „Einige sagten mir sogar direkt, dass ich Schuld hätte an dem, was passiert war.“ [...] Nicht nur Chowdhurys Leben änderte sich damals von einem Tag auf den anderen. Muslime im ganzen Land machten durch, was er als Schüler erlebt hatte. Diskriminierung gehöre für die dreieinhalb Millionen Muslime in Amerika zum Alltag, sagt er – nicht erst seit den Anschlägen.

„Der elfte September hat die Häufigkeit antimuslimischer Attacken verstärkt und diese für viele Menschen erst ins Bewusstsein gebracht“, sagt auch Zareena Grewal, die an der Yale-Universität zu den Folgen des „Krieges gegen den Terror“ forscht. Andere Kristallisationspunkte für den Hass gegen Muslime seien etwa die Wahl Barack Obamas zum Präsidenten 2008 und die Amtszeit von Nachfolger Donald Trump gewesen. Obama wurde als erster schwarzer Präsident als eine Art Provokation für weiße Amerikaner interpretiert – und in den Lügen über dessen vermeintliche muslimische Herkunft mischten sich Rassismus und antimuslimische Ressentiments. Heute zählt das Justizministerium im Jahr bundesweit zwei- bis dreihundert antimuslimische „hate crimes“. Aus Sicht vieler Fachleute wie Grewal muss die Zahl deutlich höher sein, aber ein zentrales Meldesystem fehlt. Ein Drittel aller Amerikaner sagte kürzlich in einer Gallup-Umfrage, sie würden nie einen Muslim oder eine Muslima ins Präsidentenamt wählen – unter den Republikanern waren es 62 Prozent.

Grewal wuchs als Tochter pakistanischer Einwanderer in Detroit auf. Sie erinnert sich vor allem an die Vielfalt einer der größten muslimischen Communities des Landes – Pakistaner, Bosnier, Afroamerikaner, alle hätten ihre eigenen kulturellen Einflüsse mitgebracht. Diskriminierung habe sie ihr Leben lang begleitet. Und oft genug habe sie Angst um ihre Mutter und ihre Schwester, die durch ihren Hijab viel leichter als Musliminnen zu erkennen seien als sie selbst. Grewal erinnert sich, dass sie 2010 mit ihrer Tochter in die Moschee in New Haven gehen wollte, als weiße Rechtsradikale sich vor ihnen aufgebaut hätten: „Die waren mit Bussen angereist, sie hatten Pitbulls dabei und schrien uns an.“ Damals stritt man im nahe gelegenen New York gerade über das „Cordoba House“, ein islamisches Gemeindezentrum mit einer Moschee und einem Gedenkort, das in der Nähe von „Ground Zero“ entstehen sollte. Rechte organisierten Proteste im ganzen Land. [...]

2. Überlegen Sie sich fünf Maßnahmen, die bei uns dazu beitragen könnten, bestehende Vorurteile zwischen verschiedenen Religions- oder Bevölkerungsgruppen zu beseitigen.

3. Entwerfen Sie ein Plakat, das für Toleranz wirbt. Denken Sie bei der Gestaltung daran, dass Ihr Text auch aus zwei Metern Entfernung noch lesbar sein muss.

3. SPRACHE UND STIL

EINFÜHRUNG

Mit Lessings dramatischem Gedicht „Nathan der Weise" wurde der Blankvers zum vorherrschenden Versmaß in deutschen Dramen. Daher lohnt es sich, den Schülern diese – auch literaturgeschichtlich wichtige – Versform nahezubringen.

Die französischen Klassiker des 17. Jahrhunderts (Corneille, Racine, Molière) verwendeten in ihren Dramen üblicherweise das Versmaß des Alexandriners (gereimter sechsfüßiger Jambus mit Mittelzäsur). An diesem Vorbild orientierten sich die deutschen Dichter des Barocks, beispielsweise Opitz und Gryphius, und übernahmen den Alexandriner in ihren Gedichten. Auch der Schriftsteller und im 18. Jahrhundert wegweisende Literaturtheoretiker Johann Christoph Gottsched (1700–1766) nahm sich die französische Dramenpoetik zum Vorbild und verfasste sein erfolgreiches Trauerspiel „Sterbender Cato" (1731) in Alexandrinern.

In England dagegen war das übliche Versmaß der Dramatiker des 16. und 17. Jahrhunderts (Marlowe, Shakespeare) der Blankvers, ein reimloser, fünfhebiger Jambus. Im Vergleich zur französischen Tradition, die Lessing eher gekünstelt und monoton erschien, sprach sich der Dichter, nachdem er die beiden Trauerspiele „Miss Sara Sampson" und „Emilia Galotti" in Prosa verfasst hatte, für den in der Gestaltung freieren und lebendigeren Blankvers aus. Indem er dieses Versmaß in seinem Drama „Nathan der Weise" 1779 erstmalig verwendete, verhalf er dem Blankvers in Deutschland zum Durchbruch. Viele der bekanntesten deutschen Dichter (z. B. Goethe, Schiller, Kleist) schrieben ihre Dramen später in dieser Versform.

Mithilfe der Kopiervorlagen dieses Kapitels vollziehen die Schüler Lessings Beweggründe für die Wahl dieses Versmaßes nach und begreifen so den Zusammenhang zwischen Form und Inhalt eines literarischen Textes. Da für die Bearbeitung der Aufgaben die Kenntnis des Inhalts und der Entstehungsgeschichte des Dramas notwendig ist, empfiehlt es sich, die Arbeitsblätter erst im Anschluss an die Materialien des 1. und 2. Kapitels einzusetzen.

Lernziele

- Die Schüler wiederholen formale Grundlagen der Verslehre (Versmaß und Reimschema).
- Sie erkennen, welche Gestaltungsmöglichkeiten der Blankvers bietet.
- Sie begreifen den Zusammenhang zwischen Form und Inhalt eines literarischen Textes und sind in der Lage, dieses Wissen bei künftigen Interpretationen anzuwenden.
- Sie vollziehen Lessings Beweggründe für die Wahl des Blankverses nach.

■ Zur Kopiervorlage Seite 53: LESSINGS „NATHAN" – VOLL IN FORM?

Erfahrungsgemäß schadet es auch in der Oberstufe nicht, die Grundlagen der Lyrik zu wiederholen. Mithilfe der ersten Aufgabe werden Grundbegriffe der Formanalyse (Versfuß, Versmaß, Reimschema) in Erinnerung gerufen. Anschließend bestimmen die Schüler anhand eines vorgegebenen Textausschnitts das Versmaß des Dramas und leiten so induktiv die Definition des Blankverses her.

Lösung

Aufgabe 1
Würde der Frauen: 4-hebiger Daktylus; Schweifreim (aabccb), mit einem unreinen Reim
Das Flüchtigste: 4-hebiger Trochäus; Waise und umarmender Reim (abba)
Es ist alles eitel: 6-hebiger Jambus mit Mittelzäsur (Alexandriner); umarmender Reim (abba)

Aufgabe 2
Es handelt sich hier um einen 5-hebigen Jambus ohne Reimschema.

Weiterführende Anregung

Die Schüler werden selbst zu Dichtern und verfassen eine kurze Ergänzung zum „Nathan" in Blankversen. Falls dieser kreative Arbeitsauftrag zu Hause erledigt werden soll, ist es sinnvoll, die ersten beiden Verse gemeinsam an der Tafel entwickeln zu lassen, damit die Schüler ein Gefühl für den Rhythmus bekommen. Folgender Arbeitsauftrag bietet sich an: Nathan trifft, kurz bevor er von seiner Reise nach Jerusalem zurückkehrt, vor den Toren der Stadt einen Freund. Die beiden freuen sich über ihr Wiedersehen und Nathan erzählt ihm von der Reise. Schreiben Sie den Dialog. Achten Sie darauf, Blankverse zu verwenden.

Beispiel:
FREUND. Erzähle, guter Nathan, von der Reis'
Und was du dort erlebt wohl haben magst.
NATHAN. Die Wüste sah ich und das Meer ganz nah.
Ich sprach mit tausend fremden Menschen, die
Zu Freunden mir dann wurden, Brüdern gleich.
FREUND. Gefahr sahst sicher du doch auch und Gier
Auf deinem Weg. Wenn stets allein das Gold,
Den Schmuck, das Tuch du transportieren musst'st.
NATHAN. Die Menschen fürcht ich nicht, vertrau auf Gott.
Doch nun, geschwind zu Recha will ich heim.
Grüß du die Deinen und leb wohl, mein Freund!

Zu den Kopiervorlagen Seiten 54/55: VARIATIONEN DES BLANKVERSES

Mit diesen Kopiervorlagen werden die Überlegungen zum Versmaß (KV S. 53) fortgeführt: Indem sich die Schüler mit Variationsmöglichkeiten des Blankverses auseinandersetzen, erkennen sie, dass Lessing das Drama sprachlich sehr bewusst gestaltet hat. Der Zusammenhang von Inhalt und Form wird anhand kurzer Szenenausschnitte aus dem Drama vor Augen geführt und benannt.

Lösung Seite 54

Aufgabe 1

Text 1: a) Daja sieht den Tempelherrn erstmalig nach einigen Tagen Abwesenheit und spricht ihn darauf an. (I, 6; V. 722–727) – b) Ablehnung, Bemühen – c) und d) Enjambement zur Verdeutlichung von Dajas dringlichem Wunsch, den Tempelherrn in ein Gespräch zu verwickeln; Antilabe zur Verdeutlichung der schroffen Ablehnung des Tempelherrn (antwortet jeweils nur mit einem kurzen Wort) und des Bemühens Dajas, die Unterhaltung fortzuführen (knüpft direkt an die Worte des Tempelherrn an).

Text 2: a) Nathan wurde gerade vom Sultan aufgefordert, sich zur wahren Religion zu äußern. (III, 6; V. 1865–1870) – b) Ablehnung, Ratlosigkeit – c) und d) Häufung von Fragezeichen und Gedankenstrichen (stehen für Sprech- und somit Denkpausen) zur Verdeutlichung von Nathans Ratlosigkeit und von Ausrufezeichen zur Verdeutlichung von Nathans starker Ablehnung der gestellten Frage; Wiederholungen zur Betonung zentraler Stellen des Monologs sowie zur Hervorhebung von Schlüsselwörtern („Wahrheit", „Münze"); Enjambement zur Verdeutlichung des Gedankenflusses.

Text 3: a) Nathan erläutert dem Tempelherrn und Recha die familiären Zusammenhänge. (V, 8; V. 3783–3792) – b) Erstaunen, Spannung, Neugierde – c) und d) Antilaben und Häufung von Auslassungspunkten kennzeichnen den häufigen Sprecherwechsel bzw. die Unterbrechung Nathans durch den Tempelherrn; Verdeutlichung der emotionalen Bewegtheit des Tempelherrn durch Häufung von Frage- und Ausrufezeichen. Am Ende: Wiederholung des Wortes „Bruder" zur Unterstreichung der Fassungslosigkeit.

Lösung Seite 55

Aufgabe 2

Um die Gefühle zum Ausdruck zu bringen, die im Drama durch das Spiel und die Artikulation der Schauspieler dargestellt werden, müssen bei der Umwandlung der Dialoge in Prosa Adjektive hinzugefügt (z. B. ablehnend, ratlos, ungeduldig) und/oder die Gestik und Mimik der Personen beschrieben werden (z. B. „indem er sich von Daja abwandte", „mit finsterem Gesicht", „mit ratloser Miene", „während er an Nathans Lippen hing").

Zur Kopiervorlage Seite 56: LESSINGS ENTSCHEIDUNG FÜR DEN BLANKVERS

Mit seinem „Nathan" entschied sich Lessing als erster deutscher Dichter bewusst gegen das bis dahin verwendete klassische Versmaß des Alexandriners. Auch wich er mit der Verwendung des Blankverses von der in seinen anderen Dramen vorherrschenden Prosaform ab. Anhand zweier kurzer Ausschnitte aus Lessings Briefwechsel mit seinem Bruder Karl und seinem Freund Karl Wilhelm Ramler sollen die Schüler seine Gründe für diese Entscheidungen nachvollziehen und den Bezug zu Wirkungsabsicht und Entstehungsgeschichte des Dramas herstellen. Vorausgesetzt werden Kenntnisse über den Fragmentenstreit (siehe KV S. 13) sowie die beispielhafte Behandlung der Wirkungsabsicht von Lessings bildhafter Sprache (siehe z. B. KV „Ein wahres Wunder?", S. 37, und KV „Die Ringparabel", S. 40/41). Eine tiefer greifende Auseinandersetzung mit den im Drama verwendeten Bildern und Metaphern finden Sie bei: Helmut Göbel: „Die Bildlichkeit im Nathan". In: Lessings „Nathan der Weise". Hg. von Klaus Bohnen. Darmstadt 1984, S. 229–266.

Lösung

Aufgabe 1

a) Mit den „besseren" Versen spielt Lessing auf eine gebundene Sprache an, wie Gottsched sie forderte. Nach der Meinung des Dichters wären seine Verse dann aber „schlechter", weil sie unnatürlich und starr klingen würden – und somit seiner Wirkungsabsicht (d. h. Einbeziehen und Erziehung der Zuschauer durch lebendige Dialoge) nicht zuträglich wären.

b) Gründe, die Lessing gegen die Verwendung von Alexandriner und Anapäst anführt:
1. Die Sprache hätte weniger lebendig und natürlich gewirkt („schlechtere" Verse, s. o.).
2. Das Versmaß lag Lessing nicht, d. h. entsprach nicht seinem Sprachfluss.
3. Bei dem verwendeten Druckformat hätten die Verse auf zwei Zeilen verteilt werden müssen, wodurch zusätzliche störende Zeilenumbrüche entstanden wären.

c) Die verwendeten Bilder und Metaphern dienen der Veranschaulichung des Gesagten, was dazu beiträgt, dass sich Nathans Lehren besser einprägen. So kann der Zuschauer (ebenso wie die belehrten Figuren) von seiner eigenen Einstellung abweichen und Nathans Ansicht übernehmen (Beispiele: das Bild vom eisernen Topf im „Erziehungsdialog" mit Recha I, 2; die Ringparabel im „Erziehungsdialog" mit Saladin, III, 7).

Aufgabe 2
Lessings „anderweitige Absicht“ war es, den theologischen Disput fortzuführen, den er mit der Herausgabe der „Fragmente eines Ungenannten“ begonnen hatte. Nach seiner Auseinandersetzung mit dem Pastor Goeze unterlag Lessing der Zensur, welche jedoch nicht für seine literarischen Werke galt. Um zu unterstreichen, dass er seine „alte Kanzel, das Theater“ nutzte und keine wissenschaftlichen Texte schrieb, verfasste er das Drama in Versform.

Weiterführende Anregung
Im Anschluss an die Kopiervorlage bietet sich ein Vergleich der Wirkung der unterschiedlichen Versmaße bei Gottsched und Lessing an. Gottsched favorisierte eine Poetik, die sich an strenge Formvorgaben hält. Der Vorteil der Verwendung gehobener Sprache lag seiner Meinung darin, dass das Publikum durch das gute Vorbild automatisch am Bildungsprozess teilhaben könne. Gottscheds Ziel war es somit nicht, Emotionen anzusprechen, sondern den Verstand. Die gleichmäßige Versform bedingt, dass seine Figuren eher nacheinander als miteinander sprechen. Lessing berief sich dagegen auf die von Shakespeare verwendete Form des Blankverses, weil sie ihm natürlicher erschien. Diese freiere Versform sowie weitere Formmerkmale wie Antilabe und Enjambement bewirken, dass die Dialoge echter und unmittelbarer wirken: So fallen die Figuren einander ins Wort und gehen aufeinander ein. In diesen Austausch wird auch der Zuschauer stärker einbezogen, sodass er nicht nur rational, sondern auch emotional angesprochen wird.

Folgende Vorgehensweisen bieten sich für die Erarbeitung dieses Gegensatzes an:

a) Die grundsätzlichen Unterschiede werden in einem Schülerreferat vorgetragen und mithilfe kurzer Textauszüge veranschaulicht. (Gegebenenfalls können Sie der vortragenden Gruppe die unten aufgeführten Ausschnitte zur Verfügung stellen.)
b) Kopieren Sie die beiden folgenden Textauszüge und die darüber stehende Aufgabenstellung auf Folie und projizieren Sie sie an die Wand oder lesen Sie die beiden Texte vor.

Aufgabe:
Lesen Sie die beiden Auszüge aus den Dramen „Sterbender Cato“ und „Nathan der Weise“. Die beiden Väter befinden sich in einer ähnlich aufgeregten Gemütsverfassung: Cato hat soeben erfahren, dass seine tot geglaubte Tochter lebt, Nathan erinnert sich daran, wie ihm nach dem Tod seiner eigenen Familie Recha überbracht wurde. Gottsched lässt Cato in Alexandrinern sprechen (6-hebiger Jambus mit Mittelzäsur, Paarreime), Lessing verwendet Blankverse. Vergleichen Sie die Wirkung der beiden Versmaße miteinander.

CATO. Wie? Soll mein eigen Blut mir Brust und Herz zerreißen?
Was? Eine Königin soll Catons Tochter heißen?
Ihr Götter! Schützt ihr so des Cäsars Tyrannei
Und stürzt das arme Rom in seine Sklaverei?
Ihr gebt mir zwar mein Kind durch eure Gunst zurücke,
Allein, es ist dabei ein Scheusal meiner Blicke.
Ihr Anblick war mir lieb; doch dein zu strenger Schluss,
Verhängnis! kehrt die Lust in Jammer und Verdruss.

Johann Christoph Gottsched: Sterbender Cato. Leipzig 1741 (3. Auflage), S. 12.

NATHAN. Steh auf!“ – Ich stand! und rief zu Gott: „Ich will!
Willst du nur, dass ich will!“ – Indem stiegt Ihr
Vom Pferd, und überreichtet mir das Kind,
In Euern Mantel eingehüllt. – Was Ihr
Mir damals sagtet; was ich Euch: hab ich
Vergessen. So viel weiß ich nur; ich nahm
Das Kind, trug's auf mein Lager, küsst' es, warf
Mich auf die Knie und schluchzte: Gott! auf Sieben
Doch nun schon Eines wieder!

Gotthold Ephraim Lessing: Nathan der Weise. Stuttgart 2000, S. 120.

LESSINGS „NATHAN“ – VOLL IN FORM?

1. Bestimmen Sie Versmaß und Reimschema der unten stehenden Gedichtstrophen.

Gehen Sie folgendermaßen vor:

a) Kennzeichnen Sie die betonten Silben (Hebungen) mit einem aufsteigenden Strich über der jeweiligen Silbe. Tipp: Es geht leichter, wenn Sie den Text „leiern“. Die betonten Silben werden lauter gesprochen.

b) Bestimmen Sie für jedes Gedicht den Versfuß („Takt“). Trennen Sie die einzelnen Versfüße durch Taktstriche voneinander ab.

c) Bestimmen Sie für jedes Gedicht das Reimschema. Gleichklingende Versenden werden dabei mit gleichen kleinen Buchstaben markiert (a …).

Versmaß: ein bestimmtes, sich wiederholendes Muster von Versfüßen
Versfuß: kleinste rhythmische Einheit eines Verses („Takt“); der Versfuß kann anhand der Silbenanzahl und deren Betonung bestimmt werden.

- Jambus: unbetont – betont (xx́), Beispiel: Gesang
- Trochäus: betont – unbetont (x́x), Beispiel: Wiese
- Daktylus: betont – unbetont – unbetont (x́xx), Beispiel: Königin
- Anapäst: unbetont – unbetont – betont (xxx́), Beispiel: Paradies

Reim: Gleichklang ab dem letzten betonten Vokal

- Paarreim: aabb
- Kreuzreim: abab
- umarmender Reim: abba
- Schweifreim: aabccb
- Waise: reimloser Vers in einem Reimgefüge
- unreiner Reim: annähernder Gleichklang, Beispiel: fiel – Gefühl

Friedrich Schiller, Würde der Frauen

Ehret die Frauen! sie flechten und weben
Himmlische Rosen ins irdische Leben,
Flechten der Liebe beglückendes Band,
Und in der Grazie züchtigem Schleier
Nähren sie wachsam das ewige Feuer
Schöner Gefühle mit heiliger Hand.

Johann Gottfried Herder, Das Flüchtigste

Aber auch im Nebelmeere
Ist der Tropfe Seligkeit;
Einen Augenblick ihn trinken,
Rein ihn trinken und versinken,
Ist Genuss der Ewigkeit.

Andreas Gryphius, Es ist alles eitel

Du siehst, wohin du siehst, nur Eitelkeit auf Erden.
Was dieser heute baut, reißt jener morgen ein:
Wo itzund Städte stehn, wird eine Wiese sein,
Auf der ein Schäferskind wird spielen mit den Herden.

2. Bestimmen Sie das Versmaß des Dramas „Nathan der Weise“. Wie viele Hebungen hat jeder Vers? Um welches Versmaß handelt es sich? Ist ein Reimschema zu erkennen?

NATHAN. Denn, Daja, glaube mir; dem Menschen ist
Ein Mensch noch immer lieber, als ein Engel –
So wirst du doch auf mich, auf mich nicht zürnen,
Die Engelschwärmerin geheilt zu sehn?

(V. 163 – 166)

→ Es handelt sich hier um einen ________________-hebigen ________________.

Reimschema: ________________. Dieses Versmaß nennt man auch Blankvers.

VARIATIONEN DES BLANKVERSES (1)

1. Untersuchen Sie die folgenden Textstellen. Gehen Sie dabei wie unten beschrieben vor.

a) Ordnen Sie die Dialoge in den Kontext der Dramenhandlung ein.
b) Wählen Sie aus den unten vorgegebenen Begriffen diejenigen aus, die am ehesten zu der Situation passen.
c) Markieren Sie im Text die verwendeten sprachlichen Mittel (siehe Infokasten).
d) Erklären Sie, inwiefern die sprachliche Form den Inhalt der Szene jeweils unterstützt.

i

Das Drama „Nathan der Weise" umfasst insgesamt 3849 Verse. Wären alle Verse gleich gebaut, so wäre es für die Schauspieler nahezu unmöglich, dem Gesagten Spannung zu verleihen und den Eindruck der Unmittelbarkeit zu erwecken. Um die Figuren nicht nacheinander, sondern miteinander sprechen zu lassen, variiert Lessing das Schema des Blankverses. Dabei bedient er sich vor allem folgender sprachlicher Mittel:

- Antilabe (Sprecherwechsel innerhalb eines Verses),
- Zeilensprung = Enjambement (Versende und Satzende fallen nicht zusammen),
- Wiederholungen,
- Häufung von Satzzeichen,
- Anrede des Partners.

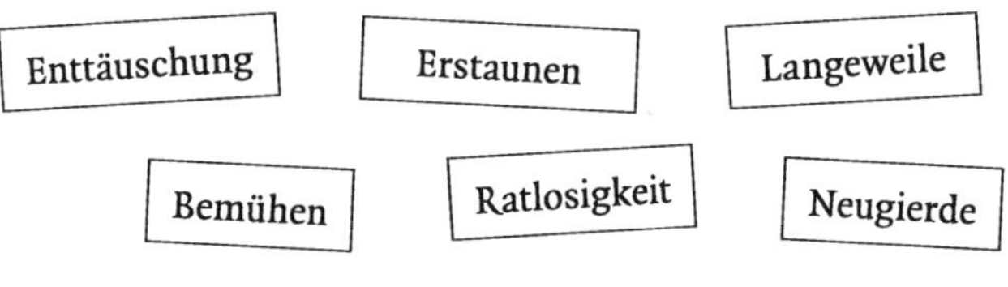

Enttäuschung | Erstaunen | Langeweile | Spannung | Ablehnung | Selbstsicherheit

Bemühen | Ratlosigkeit | Neugierde | Unverschämtheit | Niedergeschlagenheit

(1) **A.** Gott tausend Dank! – Wo habt Ihr denn
Die ganze Zeit gesteckt? – Ihr seid doch wohl
Nicht krank gewesen?
B. Nein.
A. Gesund doch?
B. Ja.
A. Wir waren Euertwegen wahrlich ganz
Bekümmert.
B. So?
A. Ihr wart gewiss verreist?
B. Erraten!
A. Und kommt heut erst wieder?
B. Gestern.

(2) **A.** Hm! hm! – wunderlich! – Wie ist
Mir denn? – Was will der Sultan? was? – Ich bin
Auf Geld gefasst; und er will – Wahrheit. Wahrheit!
Und will sie so, – so bar, so blank, – als ob
Die Wahrheit Münze wäre! – Ja, wenn noch
Uralte Münze, die gewogen ward! –

(3) **A.** Was hat mit diesem allen Rechas Bruder
Zu schaffen?
B. Euer Vater ...
A. Wie? Auch den
Habt ihr gekannt? Auch den?
B. Er war mein Freund.
A. War Euer Freund? Ist's möglich, Nathan! ...
B. Nannte
Sich Wolf von Filnek; aber war kein Deutscher ...
A. Ihr wisst auch das?
B. War einer Deutschen nur
Vermählt; war Eurer Mutter nur nach Deutschland
Auf kurze Zeit gefolgt ...
A. Nicht mehr! Ich bitt
Euch! – Aber Rechas Bruder? Rechas Bruder ...
B. Seid Ihr!
A. Ich? ich ihr Bruder?
C. Er mein Bruder?

VARIATIONEN DES BLANKVERSES (2)

2. Schreiben Sie eine der Textstellen in Prosa (als fortlaufenden Text) um. Achten Sie darauf, dass die im Drama gezeigten Gefühle in Ihrem Text ebenfalls zum Ausdruck kommen. Welcher Mittel müssen Sie sich dazu bedienen?

Volkstheater Rostock, Regie: JOHANNA WEISSERT, 2008
BERND HÖLSCHER als Tempelherr, PETRA GORR als Daja
Foto: Dorit Gätjen / Volkstheater Rostock

3. Bereiten Sie die drei Szenen I, 6, III, 6 und V, 8 in Kleingruppen so vor, dass Sie die Dialoge im Sinne Hofmannsthals darbieten. Unterstützen Sie den Dialog durch passende Gesten und Mimik. Proben Sie die Szenen daher mehrfach, bevor Sie sie in der Lerngruppe aufführen.

Hugo von Hofmannsthal, Gotthold Ephraim Lessing (Zum 23. Januar 1929)

[...], – aber das Theater gibt die immerhin entscheidende Auskunft, dass „Nathan" auch heute lebt, wenngleich man dieses Stück, für mein Gefühl, nie so gespielt hat, wie es gespielt werden müsste; ganz als das geistreichste Lustspiel, das wir haben, ganz auf die unvergleichliche Gespanntheit dieses Dialogs hin, dies Einander-aufs-Wort-Lauern, Einander-die-Replik-Zuspielen, auf dies Fechten mit dem Verstand (und mit dem als Verstand maskierten Gemüt), wovon das ganze Stück bis hin in die Figuren der Mamelucken hinab erfüllt ist, [...].

Erstdruck in: Neue Freie Presse. Wien, 20. Januar 1929.

LESSINGS ENTSCHEIDUNG FÜR DEN BLANKVERS

Johann Christoph Gottsched forderte, in Dramen das Versmaß des Alexandriners (6-hebiger Jambus mit Mittelzäsur) zu verwenden. Nur ein niveauvoller Text könne dazu beitragen, den Zuschauer im Sinne der Aufklärung zu gutem Geschmack zu erziehen. Lange Zeit orientierte man sich an Gottscheds starrer Regelpoetik. Auch Lessings Dichterfreund Karl Wilhelm Ramler, der Lessings Drama „Nathan“ vor der Fertigstellung beratend las, wies in seinem Singspiel „Cephalus und Prokris“ unter der Überschrift „Silbenmaß“ ausdrücklich darauf hin, dass er 6-hebige Jamben und 4-hebige Anapäste verwende.

1. Lesen Sie die folgenden Auszüge aus Lessings Korrespondenz über den „Nathan“.
   a) Erklären Sie, was Lessing im ersten Textausschnitt mit „besser“ meint. Warum hat Lessing wohl gedacht, dass „viel bessere“ Verse „viel schlechter“ gewesen wären?
   b) Nennen Sie die drei Gründe, die in Lessings Augen gegen die Verwendung von Alexandrinern bzw. Anapästen sprachen.
   c) Warum wollte Lessing wohl den „orientalischen Ton“ treffen, wie er an Karl Wilhelm Ramler schreibt? Führen Sie Beispiele aus dem „Nathan“ an, die diese Wirkungsabsicht belegen.

(1.) An seinen Bruder Karl

Braunschweig, den 7. Dezember 1778
Wenn ich Dir noch nicht geschrieben habe, dass das Stück in Versen ist: so wirst Du Dich vermutlich wundern, es so zu finden. Lass Dir aber nur wenigstens nicht bange sein, dass ich darum später fertig werden würde. Meine Prose hat mir von jeher mehr Zeit gekostet, als Verse. Ja, wirst Du sagen, als solche Verse! – Mit Erlaubnis; ich dächte, sie wären viel schlechter, wenn sie viel besser wären.

In: Gotthold Ephraim Lessings Briefwechsel mit seinem Bruder Karl Gotthelf Lessing. Berlin 1794, S. 475 f.

(2.) An Karl Wilhelm Ramler

Wolfenbüttel, den 18. Dezember 1778
Allerdings, mein lieber Ramler, bin ich Ihnen eine Entschuldigung schuldig, warum ich in dem ersten versifizierten Stücke, das ich mache, nicht unser verabredetes Metrum gebraucht habe. Die reine lautre Wahrheit ist, dass es mir nicht geläufig genug war. Ich habe Ihren „Cephalus“ wohl zehnmal gelesen; und doch wollten mir die Anapästen niemals von selbst kommen. Sie in den fertigen Vers hineinflicken, das wollt' ich auch nicht. [...] Denn ich habe wirklich die Verse nicht des Wohlklanges wegen gewählt: sondern weil ich glaubte, dass der orientalische Ton [d. h. bildhafte, anschauliche Sprache, weniger strenge Form], den ich doch hier und da angeben müsse, in der Prose zu sehr auffallen dürfte. Auch erlaube, meinte ich, der Vers immer einen Absprung eher, wie ich ihn itzt zu meiner anderweitigen Absicht, bei aller Gelegenheit ergreifen muss. [...] Doch muss ich Ihnen voraussagen, dass ich sechsfüßige Zeilen nie wählen werde. Wenn es auch nur der armseligen Ursache wegen wäre, dass sich im Drucken auf ordinärem Oktav [ein Papier- und Buchformat] die Zeilen so garstig brechen.

In: Gotthold Ephraim Lessings Briefwechsel mit Karl Wilhelm Ramler, Johann Joachim Eschenburg und Friedrich Nicolai. Hg. von FRIEDRICH NICOLAI. Berlin und Stettin 1794, S. 45 f.

2. Erläutern Sie unter Berücksichtigung Ihrer Kenntnis der Entstehungsgeschichte des Dramas: Welche „anderweitige Absicht“ verfolgte Lessing mit seinem „Nathan“? Weshalb sah er es als sinnvoll an, den Text nicht – wie seine bisherigen Dramen – in Prosa zu verfassen?

4. REZEPTIONSGESCHICHTE

EINFÜHRUNG

Das Drama „Nathan der Weise" erlangte als Buch schnelle Bekanntheit und wurde von Gleichgesinnten (z. B. von Lessings Freund Moses Mendelssohn oder Johann Gottfried Herder) begeistert aufgenommen, da es sich zum Ziel setzte, die Gedanken der Aufklärung unter den Menschen zu verbreiten. Sehr viele Zeitgenossen verstanden das Werk jedoch als Beschimpfung des Christentums und lehnten es daher ab. Zeitgenössische Literatur-Rezensenten lobten zwar die Ausarbeitung der Charaktere, empfanden die Handlung jedoch als zu konstruiert und sahen für das Werk schlechte Chancen, auf den Bühnen Fuß zu fassen. Tatsächlich wurde das Stück, unter anderem aus oben genannten Gründen, vom Publikum zunächst abgelehnt.

Im 19. Jahrhundert fanden die Werke Lessings (ebenso wie die Werke Schillers und Goethes) Aufnahme in den Lektürekanon der Schulen, so auch der „Nathan". An dem Drama wurde hervorgehoben, dass es besonders gut dazu geeignet sei, „den Geist des Selbstdenkens zu erregen und zu bilden" (Dominik von König: „Nathan der Weise" in der Schule. Lessing Yearbook, Bd. 6. München 1974, S. 435). Während der Zeit des Nationalsozialismus wurde die Lektüre des Dramas in der Schule untersagt; nach Kriegsende eröffneten viele Theater die neue Spielzeit mit dem „Nathan", um die Rückbesinnung auf alte Werte zu fördern, aber auch „zu Wiedergutmachungszwecken", wie in der Sekundärliteratur z. T. kritisch angemerkt wird (siehe z. B. Jörg Lau: Die guten, alten Reflexe des Polit-Theaters. DIE ZEIT, 03/2002). Besonders nach dem 11. September 2001 erfreute sich das Drama großer Beliebtheit an Bühnen im In- und Ausland. In der Schule hat es heute wieder einen festen Platz im Lektürekanon für die Oberstufe.

Die Kopiervorlagen zeichnen in Ausschnitten die Entwicklung der Rezeption des Dramas nach. Dabei werden zum einen Bezüge zur Lebenswelt der Schüler hergestellt, zum anderen die Kenntnisse über Dramentext und Entstehungsgeschichte miteinbezogen.

Lernziel

Die Schüler erkennen, dass die Rezeption eines Werkes stark von den vorherrschenden geistigen Strömungen und den politischen Verhältnissen, aber auch vom tagespolitischen Geschehen abhängig ist.

Zur Kopiervorlage Seite 60: ERSTE REAKTIONEN

Da „Nathan der Weise" seit 1945 zum festen Repertoire deutscher (und ausländischer) Bühnen zählt, wäre zu erwarten, dass das Stück bereits direkt nach seinem Erscheinen großen Zuspruch erhielt, zumal es mit seiner Betonung von Vernunft und Toleranz eigentlich den Zeitgeist der Aufklärung traf. Doch das Gegenteil war der Fall: Das Publikum reagierte sehr zurückhaltend, der Erfolg blieb zunächst aus.

Die Kopiervorlage bietet eine Auswahl an zeitgenössischen Textauszügen, anhand derer sich die Schüler die Gründe für diese ersten Reaktionen erarbeiten können.

Möglicher Einstieg

Stellen Sie vor Austeilen der Kopiervorlage folgenden Arbeitsauftrag: „Wie schätzen Sie die Reaktion des Publikums auf die ersten Aufführungen des ‚Nathan' ein? Begründen Sie Ihre Vermutung schriftlich in einem Satz."

Lassen Sie einige Ergebnisse laut vorlesen und erstellen Sie durch eine abschließende kleine Umfrage ein Meinungsbild Ihres Kurses. (Aus der heutigen Bekanntheit des Werks schließen die Schüler erfahrungsgemäß, dass das Stück vermutlich sofort großen Zuspruch gefunden hat und vom Publikum enthusiastisch aufgenommen wurde. Die Neugier, die sich aus dem Bruch zwischen anfänglicher Erwartungshaltung und tatsächlicher Reaktion der Zuschauer ergibt, kann als Motivation für die weitere Erarbeitung des Stückes genutzt werden.)

Lösung

Aufgabe 1

Kant erklärt in seiner Schrift „Was ist Aufklärung?", dass die Menschen zwar in einer „Zeit der Aufklärung" lebten, aber nicht in einem „aufgeklärten Zeitalter". Noch hätten die Menschen den Schritt zur Befreiung aus der eigenen Unmündigkeit nicht gewagt. Lessing sah dies durch seine persönliche Situation bestätigt: Das gegen ihn ausgesprochene Verbot, den Wahrheitsanspruch der Offenbarungsreligionen mit den Mitteln der Vernunft zu hinterfragen, zeigte ihm, dass eine Aufführung seines Stückes eher unwahrscheinlich war.

Aufgabe 2

Entgegen den Vermutungen nahm das Publikum das Stück nicht an. Die Zuschauer blieben aus.

Aufgabe 3

a) Text (1): Die Juden waren zu bescheiden, um sich ein Stück anzusehen, in dem ein Jude so deutlich als Vorbild vorgestellt wurde. – Text (2): Nur wenige Menschen wagten, sich öffentlich zu Lessings Ideen zu bekennen; denn immerhin stellte der Dichter den alleinigen Wahrheitsanspruch der christlichen Kirche infrage. – Text (3): Die Handlung wurde um eine Idee herum erfunden, deshalb wirkt das Drama konstruiert. – Text (4): Die Menschen interpretierten das Drama als Verunglimpfung des Christentums. – Text (5): Lessings Gedanken waren zu fortschrittlich für seine Zeitgenossen.

b) Text (2): Einige Menschen haben durchaus den wahren Wert des Stückes erkannt. – Text (4): Lessing kritisiert nur einzelne Christen und nicht die Religion. Dass Lessing als Christ dieses Werk der Aufklärung verfasste, zeigt, wie weit entwickelt und fortschrittlich die Christen sind. – Text (5): Die

Menschen werden ein „Menschenalter“ später erkennen, dass Lessing mit seinen Ideen recht hat.

Zur Kopiervorlage Seite 61: DER „NATHAN“ – IDEOLOGISCH GESEHEN

Erfolgreiche Stücke mit einer langen Rezeptionsgeschichte wurden und werden immer wieder im Sinne einer bestimmten Ideologie „zurechtgebogen“ oder aus politischen Gründen abgelehnt bzw. sogar verboten. Diesem Phänomen spüren die Schüler mithilfe der beiden auf der Kopiervorlage abgedruckten Textausschnitte nach: Anhand des 1892 entstandenen Textes des Sozialisten Franz Mehring lässt sich zeigen, wie eine einseitige Interpretation die eigentliche Intention des Autors verfälschen kann. Die kurze Darstellung der Rezeption des Dramas zur Zeit des Nationalsozialismus und nach dem Zweiten Weltkrieg verdeutlicht den Zusammenhang zwischen historisch-politischem Kontext und Akzeptanz von Literatur. Dass die Zensur eines Stückes aufgrund unliebsamer Wahrheiten und Ideen einen Eingriff in die Meinungsfreiheit der Menschen darstellt, liegt auf der Hand; jedoch sollte auch die Frage diskutiert werden, ob der verstärkte Einsatz eines Ideendramas wie des „Nathan“ nach Zeiten der Menschenverachtung und Intoleranz nicht ebenso in gewisser Weise eine Art „Missbrauch“ darstellt (siehe weiterführende Anregung).

Möglicher Einstieg

Lassen Sie die Schüler aus der Sicht eines Parteimitglieds der NPD und der MLPD (Marxistisch-Leninistische Partei Deutschlands) zu folgender Frage Stellung nehmen: Sollte das Drama „Nathan der Weise“ heute noch auf deutschen Bühnen gespielt werden? (Die NPD, vom Bundesamt für Verfassungsschutz als rechtsextreme Partei eingestuft, zeigt deutliche programmatische Parallelen zur NSDAP. Die MLPD, die sich unter anderem den Kampf für den Sozialismus auf ihre Fahnen schreibt, bezieht sich auf Theorien von Marx, Engels, Stalin und Lenin und wird vom Bundesamt für Verfassungsschutz als linksextreme Partei eingestuft. Indem die Schüler überlegen, wie Mitglieder dieser Parteien wohl über den „Nathan“ urteilen würden, wird der Bogen geschlagen zwischen der Lebenswirklichkeit der Schüler und zwei extremen Weltanschauungen, die in der deutschen Vergangenheit eine Rolle spielten. Die Rezeption des „Nathan“ aus diesen Blickwinkeln ist ein wichtiger Bestandteil der Rezeptionsgeschichte des Dramas.)

Lösung

Aufgabe 1

Franz Mehring hebt hervor, dass die zentralen Aussagen des lessingschen Dramas den grundlegenden Aspekten des Sozialismus entsprechen: die Erklärung der Religion zur Privatsache (Lessing bekennt sich zum Christentum, der Sozialismus aber ist weitgehend von Atheisten geprägt), die wissenschaftliche und vernunftorientierte Weltanschauung (Lessings Kritik richtete sich vornehmlich gegen den alleinigen Wahrheitsanspruch der Offenbarungsreligionen und gegen den Wunderglauben; der Glaube an eine göttliche Instanz steht der Aufklärung des Menschen seiner Meinung nach nicht im Wege, anders z. B. Marx' Einschätzung der Religion als „Opium des Volkes“), der gemeinsame Kampf der unterdrückten Klassen zur Überwindung der Unterschiede zwischen den Menschen (Lessing ging es in erster Linie um die Fortführung der Auseinandersetzung mit dem Hauptpastor Goeze in religionstheoretischen Fragen, siehe auch KV „Der Fragmentenstreit“, S. 13). Zu unterstützen ist die Aussage, dass sich Lessing nicht gegen das Christentum richte, sondern gegen die Bevormundung durch die Instanz der Kirche (siehe auch KV „Gegen den Dogmatismus“, S. 47).

Kritisch zu hinterfragen ist, ob Lessing tatsächlich, wie Mehring behauptet, die Religionszugehörigkeit Nathans einfach aus der literarischen Vorlage entnommen hat. Mehrere Punkte sprechen dafür, dass diese Zuordnung bewusst gewählt ist: Lessing verband eine enge Freundschaft mit dem Juden Moses Mendelssohn. Auch dieser hatte eine Tochter namens Recha, auch dieser wurde – ähnlich wie Nathan vom Sultan – von dem Schweizer Pietisten Johann Caspar Lavater in eine erpresserische Falle gelockt: Mendelssohn sollte die Argumente widerlegen, die Lavater als Beweis dafür anführte, dass das Christentum die einzig wahre Religion sei, oder vom Judentum zum Christentum übertreten.

Aufgabe 2

Ein Stück, das einen weisen Juden als Helden und die Idee von der großen Menschheitsfamilie zum Inhalt hat, passte nicht in den von Antisemitismus und Intoleranz geprägten Zeitgeist, folglich war die Aufführung des Stückes verboten. In dem Textausschnitt wird die nationalsozialistische Argumentation angeführt, dass aufgrund neuer wissenschaftlicher Erkenntnisse wesentliche Inhalte des Stückes falsch seien. Auch Lessings Integrität als Deutscher und als Christ wird angezweifelt.

Aufgabe 3

Nach Ende des Zweiten Weltkriegs griff man auf deutsche Werke zurück, die nicht von der nationalsozialistischen Propaganda missbraucht worden waren und inhaltlich dem Gedankengut der NS-Zeit möglichst deutlich widersprachen. Dazu eignet sich der „Nathan“ aufgrund der darin vermittelten Werte natürlich in besonderem Maße. Hinter der Auswahl des Stückes für die deutschen Nachkriegsbühnen steckt der Wunsch nach Neuorientierung in einer Zeit der Orientierungslosigkeit und nach Rückbesinnung auf positive Werte, aber sicherlich auch der Versuch, sich gegen die unliebsame jüngste Vergangenheit abzugrenzen, ohne sich damit auseinandersetzen zu müssen.

Weiterführende Anregung

Kopieren Sie folgendes Zitat aus Jörg Laus Rezension einer Nathan-Aufführung aus dem Jahr 2002 auf Folie und lassen Sie die Schüler dazu Stellung nehmen: „Der Nathan ist mehr als die Ringparabel. Man hat das nur vergessen, denn kaum ein Text ist wie dieser als Schullektüre nach 1945 zu Wiedergutmachungszwecken gebraucht worden. Und wohl auch missbraucht: Der gute Jude Nathan, der den Menschen Versöhnung im Zeichen aufgeklärter Vernunft bringt, diente auf den Nachkriegsbühnen in Deutschland auch als eine Art Abwehrzauberer gegen die Erinnerung an den eben erst verrauchten Hass." (Jörg Lau: Die guten, alten Reflexe des Polit-Theaters. DIE ZEIT, 03/2002)

Zur Kopiervorlage Seite 62: DER „NATHAN" NACH DEM 11. SEPTEMBER

Die Terroranschläge des 11. September 2001, die sich gegen zivile und militärische Gebäude der USA richteten und den Tod von fast 3000 Menschen zur Folge hatten, wurden von Islamisten geplant und durchgeführt. Die Weltöffentlichkeit war schockiert.

Die Thematik des „Nathan" gewann durch diese Anschläge unvorhergesehene Aktualität: Lessings Traum von einer zusammenwachsenden Menschheit, welche die Kluft der verschiedenen Religionen mithilfe von Vernunft und Toleranz überwinden kann, schien endgültig gescheitert. Dennoch nahmen viele Bühnen im In- und Ausland gerade dieses Drama wieder in ihr Programm auf. Den Regisseuren und – wie die Besucherzahlen bewiesen – auch den Zuschauern war es ein wichtiges Anliegen, daran mitzuwirken, dass der Dialog zwischen den Religionen wieder verstärkt geführt wird und Toleranz und Vernunft sich gegen Fanatismus durchsetzen.

Dennoch werden sich viele Schüler die Frage stellen, was die Aufführung eines Dramas – bzw. allgemeiner „die Kunst" – tatsächlich bewirken kann: Ist das nicht ein Tropfen auf den heißen Stein? Selbst wenn einzelne Zuschauer die Lehre des Dramas begreifen, kann dadurch schon etwas in Gang gebracht werden? Hier werden die Meinungen der Optimisten und der Pessimisten aufeinandertreffen. Mithilfe der Kopiervorlage können Sie diese Diskussion anstoßen, die es sich mit jungen Menschen sicherlich zu führen lohnt.

Mögliche Einstiege

- Kopieren Sie die auf der Kopiervorlage abgebildeten Fotos auf Folie und projizieren Sie sie an die Wand. Stellen Sie dazu folgende Frage: Welche Auswirkung könnte dieses Ereignis auf die Aufführung des Dramas „Nathan der Weise" gehabt haben? Begründen Sie Ihre Ansicht.
- Die Schüler führen das folgende Zitat aus einer Rezension des Stückes fort: „Gleich nach dem 11. September hat Claus Peymann [ehemaliger Intendant und künstlerischer Leiter des ‚Berliner Ensembles'] Lessings Nathan ins Programm genommen – als ‚das Stück der Stunde'. Wenn man die Anwesenheit des Außenministers und eines Exbundespräsidenten in der Premiere als ein Indiz nehmen kann, so muss man wohl sagen, dass ..." (Jörg Lau: Die guten, alten Reflexe des Polit-Theaters. DIE ZEIT, 03/2002)

(Zunächst sollte davon ausgegangen werden, dass die beiden Politiker nicht ganz zufällig im Publikum saßen, weil sie ein Theater-Abo hatten. Ebenso kann man annehmen, dass sie die Aussage des „Nathan" kannten (Aufruf zu Toleranz und Humanität). Mit ihrem Theaterbesuch wollten sie sicherlich ein Zeichen setzen, ihre Haltung zu den neuesten politischen Ereignissen ausdrücken. Der Satz im Originaltext lautet: „Wenn man die Anwesenheit des Außenministers und eines Exbundespräsidenten in der Premiere als ein Indiz nehmen kann, so muss man wohl sagen, dass die Sache aufgegangen ist: Das gute alte politische Theater zeigt, dass die Reflexe noch stimmen. Der Applaus war lang anhaltend, erleichtert, merkwürdig hochgestimmt.")

Lösung

Aufgabe 1

Einerseits: Der Aufruf zu Toleranz und Humanität hat durch die Ereignisse wieder an Dringlichkeit gewonnen und ist wichtiger denn je. Andererseits: Die neuesten Ereignisse zeigen, dass Lessings Aufruf nichts bewirkt hat. Da wir sogar weiter denn je vom Erreichen der lessingschen Vision entfernt sind, drohen die Worte des Dichters heute wie Hohn zu klingen.

Aufgabe 2

a) Verschiedene Schülerantworten sind möglich.

b) Lessing hätte sicherlich zugestimmt, da es ihm um eine allmähliche Aufklärung der Menschen und eine Entwicklung hin zu Toleranz und Humanität ging. Selbst wenn die Aufführung manchen Schülern überflüssig erschiene, so würde Lessing dennoch die Chance nutzen, bei einigen wenigen Zuschauern eine Veränderung zum Positiven zu bewirken.

Aufgabe 3

Für viele Menschen spielt heute Glaube nur noch eine untergeordnete Rolle, z. T. wird der Glaube (radikal) aus dem öffentlichen Leben verbannt. Es gibt einen Dialog zwischen den Religionen, aber der verhindert nicht, dass eine Minderheit von Extremisten zu immer radikaleren Mitteln greift, um die eigene religiöse Überzeugung durchzusetzen.

Weiterführende Anregung

Sollte die in Aufgabe 2 angeregte Diskussion über die Nachhaltigkeit und den Wert einer heutigen „Nathan"-Inszenierung stocken, lesen Sie Ihren Schülern folgenden Textausschnitt vor. Er kann als Argument dafür dienen, dass ein kleiner Stein, der ins Rollen kommt, bereits eine Wirkung zeigen kann. Lessing schrieb am 18.4.1779 an seinen Bruder Karl: „Es kann wohl sein, dass mein ‚Nathan' im Ganzen wenig Wirkung tun würde, wenn er auf das Theater käme, welches wohl nie geschehen wird. Genug, wenn er sich mit Interesse nur lieset, und unter tausend Lesern nur einer daraus an der Evidenz und Allgemeinheit seiner Religion zweifeln lernt." (In: Gotthold Ephraim Lessings sämtliche Schriften, Bd. 27. Berlin 1827, S. 391.)

ERSTE REAKTIONEN

1. „Noch kenne ich keinen Ort in Deutschland, wo dieses Stück schon jetzt aufgeführt werden könnte. Aber Heil und Glück dem, wo es zuerst aufgeführt wird." Erklären Sie, wie Lessing zu dieser Einschätzung der Erfolgschancen seines Stückes kommt.

2. Die Uraufführung des „Nathan" fand am 14. April 1783 in Berlin statt. Wie wurde das Drama vom Publikum angenommen?

Rezension aus der Berliner „Litteratur- und Theaterzeitung" vom 3. Mai 1783

Herr Döbbelin hatte keine Kosten gespart, dieses Meisterstück so würdig als möglich aufzuführen. Es waren neue Dekorationen und Kleider dazu verfertigt worden, und man konnte glauben, dieser Aufwand würde ihm tausendfach vergolten werden. Der erste Tag war dem Stücke günstig. Es herrschte eine feierliche Stille, man beklatschte jede rührende Situation, [...] man glaubte, unser Publikum werde das Haus stürmen, aber dies Publikum blieb bei der dritten Vorstellung Nathans beinahe ganz und gar zu Hause.

In: Julius W. Braun (Hg.): Lessing im Urtheile seiner Zeitgenossen, Zeitungskritiken, Berichte und Notizen, Lessing und seine Werke betreffend, aus den Jahren 1747–1781, Bd. 2. Nachdruck Hildesheim 1969, S. 341.

3. Werten Sie die folgenden Textauszüge aus:
a) Welche Gründe für die Reaktionen des Publikums werden genannt?
b) Mit welchen Argumenten werden Lessing und sein „Nathan" verteidigt?

(1) Die Judenschaft, auf die man bei diesem Stück sehr rechnen konnte, war, wie sie sich selbst verlauten ließ, zu bescheiden, eine Apologie anzuhören, die freilich nicht für die heutigen Juden geschrieben war, und so fanden sich nur sehr wenige, denen Nathan behagen wollte.

Aus der o. g. Rezension, a. a. O., S. 341.

(2) Wie das Publikum den Nathan aufgenommen, wie er auch zum Teil kritisiert worden, kann ein schönes Kapitel in der Kirchenhistorie abgeben. [...] Nicht als wenn es gar keine Kunstrichter noch Leser gegeben, die den Geist dieses Gedichtes durchdrungen, und die Absicht des Dichters erkannt hätten: so sehr fällt das Gute nie; sondern, weil es derer so wenige gab und gibt, die bloß vernünftige Menschen zu sein sich nicht schämen.

Karl Gotthelf Lessing (Hg.): Gotthold Ephraim Lessings Leben, nebst seinem noch übrigen litterarischen Nachlasse, Erster Teil. Berlin 1793, S. 407.

(3) Ein Drama, dessen Augenmerk war, eine allgemeine Idee zu entwickeln, muss notwendig, so schön und erhaben diese Idee an sich sein mag, kalt sein und verirrt sich in das Gebiet der Fabel. Es stellt seine Personen nicht um ihrer selbst willen auf, sondern bloß der Belehrung, der Aufklärung wegen. Freilich gibt es keine Dichtung, nicht einmal einen wirklichen Vorfall, aus welchem sich nicht eine Idee abziehen ließe; nur muss die Begebenheit der Sittenlehre, nicht die Sittenlehre der Begebenheit zum Grunde dienen. In den schönen Künsten gebührt der Einbildungskraft der Vortritt.

Madame de Staël: Über Deutschland (erstmals erschienen 1810). Hg. von Monika Bosse. Frankfurt a. M. 1985, S. 249.

(4) [Die Menschen flüsterten sich gegenseitig zu,] Lessing habe das Christentum beschimpft, ob er gleich nur einige Christen und höchstens der Christenheit einige Vorwürfe zu machen gewagt hatte. Im Grunde gereicht sein Nathan, wie wir uns gestehen müssen, der Christenheit zur wahren Ehre. Auf welcher hohen Stufe der Aufklärung und Bildung muss ein Volk stehen, in welchem sich ein Mann zu dieser Höhe der Gesinnungen hinaufschwingen, zu dieser feinen Kenntnis göttlicher und menschlicher Dinge ausbilden konnte!

Moses Mendelssohn: Morgenstunden oder Vorlesungen über das Daseyn, Erster Teil. Berlin 1785, S. 272 f.

(5) [Lessing] ist in der Tat mehr als ein Menschenalter seinem Jahrhundert zuvorgeeilt.

Moses Mendelssohn an Karl Lessing 1781. In: Moses Mendelssohn's sämtliche Werke. Wien 1838, S. 930.

DER „NATHAN" – IDEOLOGISCH GESEHEN

1. Der folgende Text stammt aus der Feder des Journalisten Franz Mehring (1846–1919), einem überzeugten Sozialisten. Arbeiten Sie heraus, welche Aspekte des Dramas er herausgreift, um seine eigene Anschauung zu unterstützen. Beurteilen Sie seine Argumentation auf der Grundlage Ihrer Kenntnis des Werks und seiner Entstehungsgeschichte.

Franz Mehring, Die Lessing-Legende (1892)

Kein Mensch, auch der klügste nicht, kann über den Gedankenkreis seiner Zeit hinaus [...]. Aber je weniger Lessing nach dem Erkenntnisvermögen seiner Zeit auf den tiefsten Grund der Dinge blicken konnte, umso bewundernswerter ist die geistige Klarheit, womit er praktisch den Standpunkt vertrat, über den die Besten unserer Zeit nicht hinausgekommen sind [...]: dass der religiöse Glaube die private Sache jedes einzelnen Menschen sei, um derentwillen er schlechterdings nicht behelligt werden dürfe, aber dass eben deshalb auch alle Religion, die sich zum Kappzaum der wissenschaftlichen Forschung oder zur Waffe der sozialen Unterdrückung mache, rücksichtslos bekämpft werden müsse, sie sei welche sie wolle. Und wenn der Jüngling alle geoffenbarten Religionen gleich wahr und gleich falsch genannt hatte, so gab der alternde Mann in demselben Gedankengange der Parabel von den drei Ringen [...] die bezeichnende Wendung: *kein* Ring ist der echte, der echte vermutlich ging verloren. [...] Nichts törichter daher, als im „Nathan" eine Verunglimpfung des Christentums oder gar eine Verherrlichung des Judentums zu suchen. [...] Lessing nahm den Juden einfach aus der Novelle des Boccaccio, die ihm die Parabel von den drei Ringen lieferte. Er hat, wie jede soziale Unterdrückung, so die soziale Unterdrückung der Juden bekämpft [...]. Er kannte neben den Licht- auch die Schattenseiten des jüdischen Charakters sehr wohl [...]. Aber mit dem politischen Takte eines echten Kämpfers wusste er, dass man die Unterdrückten nicht striegeln darf, solange man die Unterdrücker bekämpfen muss.

FRANZ MEHRING: Die Lessing-Legende. Frankfurt a. M. / Berlin / Wien 1972, S. 369f.

2. Geben Sie wieder, wie Lessings Drama zur Zeit des Nationalsozialismus beurteilt wurde.

Ab 1933 zeigen sich [...] die antisemitischen Konsequenzen in der „völkischen" Ideologie auch in der Bewertung des „Nathan". Adolf Bartels meint in „Lessing und die Juden", dieses Theaterstück zeige zwar viele jüdische Einflüsse, aber für das 18. Jahrhundert sei es dennoch ein brauchbares Stück gewesen. Heute aber, 1934, sei es geistig rückständig, man kenne im Gegensatz zu Lessing die Juden genauer; auch glaube man heute, dass Jesus schon wegen seines arischen Blutes gegen den jüdischen Geist aufgetreten sei und somit sei auch die Aussage des Klosterbruders „Dass unser Herr ... ein Jude war" falsch. In der Schule wurde von 1933–1945 die Behandlung des „Nathan" verboten. Hieß es doch schon im 19. Jahrhundert in einer „Geschichte der deutschen National-Literatur. Für Schule und Selbstbelehrung": Lessing habe zwar einen scharfen Verstand gehabt, sei aber ein schlechter Patriot und ein noch schlechterer Christ gewesen. Neben dem Antisemitismus wirken sich jetzt im Faschismus die nationalen und christlichen Einschränkungen deutlich aus. Auf den deutschen Bühnen war zwischen 1933 und 1945 keine Zeit für Lessings „Nathan".

HELMUT GÖBEL (Hg.): Lessings Nathan. Der Autor, der Text, seine Umwelt, seine Folgen. Berlin: Verlag Klaus Wagenbach 1993, S. 259.

3. Nach Ende des Zweiten Weltkriegs wurde Lessings „Nathan der Weise" wieder verstärkt auf deutschen Bühnen gespielt. Viele große Theater (z. B. in Hamburg, Potsdam und München) eröffneten ihre Spielzeit 1945 / 46 unter anderem mit diesem Stück. Wie lässt sich das erklären?

DER „NATHAN“ NACH DEM 11. SEPTEMBER

1. Nach dem 11. September 2001 wurde „Nathan“ von vielen Theatern ins Programm aufgenommen. Fassen Sie die beiden unterschiedlichen Ansichten dazu in eigenen Worten zusammen.

„Timelessness is a good thing in a play, but timeliness is better. The 18th-century drama ‚Nathan the wise‘ wins on both counts.“ Besser als der Theaterkritiker der New York Times, der am 20. Oktober 2002, gut ein Jahr nach dem „11. September“, eine Aufführung von „Nathan der Weise“ am Pearl Theater in New York besprach, kann man Lessings Stück nicht charakterisieren. [...] Warum? „Das Stück, das Spannungen zwischen Christen, Muslimen und Juden dramatisiert, verliert schwerlich seine Dringlichkeit im heutigen weltpolitischen Klima.“ In der Tat: Nicht nur in New York wurde „Nathan der Weise“ gespielt – in Reaktion auf „Nine Eleven“. Nach dem 11. September 2001 hat es auf deutschsprachigen Bühnen nicht weniger als 24 „Nathan“-Inszenierungen gegeben! Entweder waren sie schon vorher geplant (wie in Dresden, Magdeburg oder Rostock) und gewannen plötzlich „brennende Aktualität“ oder wurden spontan ins Programm genommen wie von Claus Peymann und seinem Berliner Ensemble.

In: Karl-Josef Kuschel: „Jud, Christ und Muselmann vereinigt“?: Lessings „Nathan der Weise“. Düsseldorf 2004, S. 9. – © Patmos Verlag der Schwabenverlag AG: Ostfildern/Düsseldorf 2004.

11.9.2001

[Unter anderem F. Schück vertrat anlässlich einer „Nathan“-Aufführung des Ulmer Theaters in Villingen-Schwenningen ...] die Meinung, „durch Auschwitz und die Zerstörung der New Yorker Zwillingstürme“ sei die Sache des Stückes „widerlegt“, ja eine Wiederaufführung des „Nathan“ gelinge heute nur „um den Preis, dass die Intentionen des Autors ins Gegenteil verkehrt“ würden [...].

Kuschel, a. a. O., S. 9.

2. Der Kurs „Darstellendes Spiel“ diskutiert, ob dieses Schuljahr der „Nathan“ einstudiert und aufgeführt werden soll.
a) Formulieren und begründen Sie Ihre Ansicht dazu.
b) Hätte Lessing wohl für eine Aufführung seines „Nathan“ an der Schule plädiert?

3. Diskutieren Sie: Welche „Toleranzprobleme neuer Art“ meint der Autor in dem folgenden Ausschnitt aus einem Zeitungsartikel?

Was kann uns die Toleranzlektion des lessingschen Stücks heute bedeuten, da ein vom Glauben abgefallener Lehrer hierzulande per Gerichtsbeschluss das Kruzifix im Klassenraum abhängen lassen kann? Was soll uns die berühmte Ringparabel in einer Zeit, da sich ohnehin schon die „interreligiösen Dialoge“ jagen? Eine Hamburger „Islam AG“, in der unbehelligt der Massenmord vorbereitet werden konnte, wirft Toleranzprobleme neuer Art auf, von denen Lessing nichts ahnen und sein weiser Nathan nichts wissen konnte.

Jörg Lau: Die guten, alten Reflexe des Polit-Theaters. DIE ZEIT, 03/2002.

KLAUSURVORSCHLÄGE

SZENENANALYSE

1. Textgrundlage: Szene I, 1 (Nathan – Daja)

1. Fassen Sie den Inhalt des Dialogs zusammen und ordnen Sie ihn in den Gesamtzusammenhang ein.
2. Charakterisieren Sie Daja anhand der vorliegenden Szene.
3. Werden die hier aufgezeigten Charakterzüge Dajas im weiteren Verlauf des Dramas widerlegt oder bestätigt?
4. Welche Absicht verfolgte Lessing Ihrer Meinung nach damit, die Figur Daja in sein Drama einzuflechten?

2. Textgrundlage: Szene III, 6 (Monolog Nathans)

1. Fassen Sie den Inhalt des Dialogs zusammen und ordnen Sie ihn in den Gesamtzusammenhang ein.
2. Analysieren und interpretieren Sie die sprachlichen und stilistischen Mittel dieses Textausschnitts.
3. Nathan entscheidet sich dafür, dem Sultan ein „Märchen" zu erzählen. Arbeiten Sie die Parallelen zur Entstehungsgeschichte des Dramas heraus.

3. Textgrundlage: I, 2 (Nathan – Recha) und II, 5 (Nathan – Tempelherr)

1. Fassen Sie knapp den Inhalt der beiden Dialoge zusammen und ordnen Sie diese in den Gesamtzusammenhang des Dramas ein.
2. Untersuchen Sie für beide Szenen das Vorgehen Nathans bei der Gesprächsführung und vergleichen Sie Ihre Erkenntnisse. Welche Ähnlichkeiten bestehen?
3. Erläutern Sie, inwiefern Nathans Kommunikationsverhalten den Vorstellungen der Aufklärung entspricht.

TEXTBEZOGENE ERÖRTERUNG

„Auch für seinen ‚Nathan' vertraute Lessing darauf, dass das geschilderte ‚Wunder' eine erzieherische Kraft entwickeln würde. Wie sein Nathan hat auch er sich den Glauben daran bewahrt, dass die Wunder, die ‚wahren, echten Wunder alltäglich werden können, werden sollen' (I, 2)."

In: Karl-Josef Kuschel: „Jud, Christ und Muselmann vereinigt"?: Lessings „Nathan der Weise". Düsseldorf 2004, S. 197. – © Patmos Verlag der Schwabenverlag AG: Ostfildern/Düsseldorf 2004.

1. Beschreiben Sie, worin das „Wunder" besteht, von dem Kuschel spricht.
2. Erörtern Sie, inwiefern sich in Lessings Drama Grundgedanken der Aufklärung widerspiegeln.
3. Hat „das Wunder" seine erzieherische Kraft entwickelt? Begründen Sie Ihre Meinung.

GESTALTENDES INTERPRETIEREN

In der Szene V, 4 verabschieden sich der Klosterbruder und Nathan voneinander. Nathan überdenkt seine Einschätzung des Klosterbruders später in Ruhe und vergleicht dessen Wertvorstellungen mit seinen eigenen. Außerdem wägt er seine Lebensvorstellung gegen die Alternative ab, die der Klosterbruder favorisiert (IV, 7).

Schreiben Sie Nathans Gedanken in Form eines Monologs auf.

LITERATURVERZEICHNIS

TEXTAUSGABE

LESSING, GOTTHOLD EPHRAIM: Nathan der Weise. Stuttgart: Reclam 2000.

SEKUNDÄRLITERATUR

Zum Autor

BARNER, WILFRIED / GRIMM, GUNTER E. / KIESEL, HELMUTH u. a.: Lessing. Epoche – Werk – Wirkung. München: C. H. Beck 1998.

DREWS, WOLFGANG: Gotthold Ephraim Lessing in Selbstzeugnissen und Bilddokumenten. Reinbek b. Hamburg: Rowohlt 1982.

FICK, MONIKA: Lessing-Handbuch. Leben – Werk – Wirkung. Stuttgart: J. B. Metzler 2004.

HILDEBRANDT, DIETER: Lessing. Biographie einer Emanzipation. München: dtv 2003.

KEPSER, MATTHIS: Für die Schule – Lessing. Berlin: Volk und Wissen 2003.

KRÖGER, WOLFGANG: Gotthold Ephraim Lessing. Literaturwissen. Stuttgart: Reclam 1999.

VON STERNBURG, WILHELM: Gotthold Ephraim Lessing. Reinbek b. Hamburg: Rowohlt 2010.

Zur Epoche

ALT, PETER-ANDRÉ: Aufklärung. Metzler 2007.

GROSSE, WILHELM: Aufklärung, Sturm und Drang. Kunst- und Dichtungstheorien. Stuttgart: Klett 1999.

HOFMANN, MICHAEL: Aufklärung. Tendenzen, Autoren, Texte. Stuttgart: Reclam 1999.

HORKHEIMER, MAX / ADORNO, THEODOR W.: Dialektik der Aufklärung. Philosophische Fragmente. Frankfurt a. M.: Fischer 1988.

KAISER, GERHARD: Aufklärung, Empfindsamkeit, Sturm und Drang. Stuttgart: UTB 2007.

MERKER, NICOLA: Die Aufklärung in Deutschland. München: C.H. Beck 1982.

RILLA, PAUL: Lessing und sein Zeitalter. München: C. H. Beck 1973.

WILL, TIMOTHEUS: Lessings dramatisches Gedicht Nathan der Weise und die Philosophie der Aufklärungszeit. Paderborn / München / Wien / Zürich: Schöningh 1999.

Zum Werk

BOHNEN, KLAUS (Hg.): Lessings Nathan der Weise. Darmstadt: Wissenschaftliche Buchgesellschaft 1984.

DESSAU, BETTINA: Nathans Rückkehr. Studien zur Rezeptionsgeschichte seit 1945. Frankfurt / Bern / New York: Lang 1986.

DURZAK, MANFRED: Zu Gotthold Ephraim Lessing. Poesie im bürgerlichen Zeitalter. Stuttgart: Klett 1984 (= Literaturwissenschaft – Gesellschaftswissenschaft 67).

FREUND, GERHARD: Theologie im Widerspruch. Die Lessing-Goeze-Kontroverse. Stuttgart / Berlin / Köln: Kohlhammer 1989.

GÖBEL, HELMUT (Hg.): Lessings Nathan. Der Autor, der Text, seine Umwelt, seine Folgen. Berlin: Wagenbach 1993.

KOEBNER, THOMAS: „Nathan der Weise. Ein polemisches Stück?". In: Lessings Dramen. Interpretationen. Stuttgart: Reclam 1987, S. 138 – 207.

KRÖGER, WOLFGANG: Lessings „Nathan der Weise". Ein toter Klassiker? Interpretation. München: Oldenbourg 1980.

KUSCHEL, KARL-JOSEF: „Jud, Christ und Muselmann vereinigt"?: Lessings „Nathan der Weise". Düsseldorf: Patmos 2004.

KUSCHEL, KARL-JOSEF: Vom Streit zum Wettstreit der Religionen. Lessing und die Herausforderung des Islam. Düsseldorf: Patmos 1998.

MAUSER, WOLFRAM / SASSE, GÜNTER (Hg.): Streitkultur. Strategien des Überzeugens im Werk Lessings. Tübingen: Niemeyer 1993.

MÜLLER, JOACHIM: „Zur Dialogstruktur und Sprachfiguration in Lessings Nathan-Drama". In: Sprachkunst 1. Wien / Köln / Graz 1970, S. 42 – 69.

POLITZER, HEINZ: „Lessings Parabel von den drei Ringen". In: Politzer, Heinz: Das Schweigen der Sirenen. Studien zur deutschen und österreichischen Literatur. Stuttgart: Metzler 1968, S. 339 – 372.

SCHÖNE, ALBRECHT: „In Sachen des Ungenannten. Lessing contra Goeze". In: Arnold, Heinz-Ludwig (Hg.): Text und Kritik. Zeitschrift für Literatur, Heft 26 / 27. Stuttgart: Boorberg 1975, S. 1 – 25.

SCHNELL, JOSEF: „Dramatische Struktur und soziales Handeln. Didaktische Überlegungen zur Lektüre von Lessings ‚Nathan der Weise'". In: Deutschunterricht 28, Heft 2 1976, S. 46 – 54.

STEINMETZ, HORST (Hg.): Lessing – ein unpoetischer Dichter. Dokumente aus drei Jahrhunderten zur Wirkungsgeschichte Lessings in Deutschland. Frankfurt a. M. / Bonn: Athenäum 1969.

VON DÜFFEL, PETER: Gotthold Ephraim Lessing, Nathan der Weise. Erläuterungen und Dokumente. Stuttgart: Reclam 2006.

WESSELS, HANS-FRIEDRICH: Lessings „Nathan der Weise". Seine Wirkungsgeschichte bis zum Ende der Goethezeit. Königstein im Taunus: Athenäum 1979.

Internet

http://www.bildungsserver.de/gotthold-ephraim-lessing-4167-de.html
http://www.lessing-akademie.de
http://lehrerfortbildung-bw.de/u_sprachlit/deutsch/bs/projekte/dramatik/nathan/index.html
https://www.lehrer-online.de/unterricht/sekundarstufen/geisteswissenschaften/deutsch/unterrichtseinheit/ue/lessing-nathan-der-weise/
https://www.xlibris.de/Autoren/Lessing